O SOFRIMENTO COMO VÍCIO

ENTENDA E SUPERE ESSA DINÂMICA

DIRCE FÁTIMA VIEIRA
MARIA LUIZA PIRES

O SOFRIMENTO COMO VÍCIO

ENTENDA E SUPERE ESSA DINÂMICA

INTEGRARE
EDITORA

Copyright © 2009 Dirce Fátima Vieira e Maria Luiza Pires.
Copyright © 2009 Integrare Editora e Livraria Ltda.

Publisher
Maurício Machado

Supervisora editorial
Luciana M. Tiba

Coordenação e produção editorial
ERJ Composição Editorial

Preparação de texto
Maria Alice da Costa

Revisão
Gisele Moreira

Projeto gráfico de capa e de miolo / Diagramação
Nobreart Comunicação

Dados Internacionais de Catalogação na Publicação (CIP)
(Câmara Brasileira do Livro, SP, Brasil)

Vieira, Dirce Fátima
  O sofrimento como vício : entenda e supere essa dinâmica / Dirce Fátima Vieira, Maria Luiza Pires. – São Paulo : Integrare Editora, 2009.

  Bibliografia.
  ISBN 978-85-99362-40-2

  1. Auto-ajuda - Técnicas 2. Conduta de vida
  3. Sofrimento 4. Sofrimento - Aspectos psicológicos
  5. Vícios I. Pires, Maria Luiza. II. Título.

09-05325   CDD-158

Índices para catálogo sistemático:
1. Sofrimento como um vício : Psicologia aplicada 158

Todos os direitos reservados à
INTEGRARE EDITORA E LIVRARIA LTDA.
Rua Tabapuã, 1123, 7º andar, conj. 71-74
CEP 04533-014 – São Paulo – SP – Brasil
Tel. (55) (11) 3562-8590
Visite nosso site: www.integrareeditora.com.br

Sonhe com aquilo que você quiser.
Seja o que você quer ser,
Porque você possui apenas uma vida e nela só se tem uma chance
de fazer aquilo que se quer.

Tenha felicidade bastante para fazê-la doce.
Dificuldades para fazê-la forte.
Tristeza para fazê-la humana.
E esperança suficiente para fazê-la feliz.

A felicidade aparece para aqueles que choram.
Para aqueles que se machucam.
Para aqueles que buscam e tentam sempre.
E para aqueles que reconhecem a importância
das pessoas que passam por suas vidas.

O sonho, Clarice Lispector (1920-1977)

Dedicatória

À Juliana, minha filha, que ao nascer me deu outra dimensão da vida e que na convivência diária me faz exercitar o dom de amar.

Dirce Fátima Vieira

À Fernanda, minha irmã, por me ensinar todos os dias que a vida é uma viagem repleta de motivos para ser feliz!

Maria Luiza Pires

Agradecimentos

Aos nossos clientes, que ao longo da vida profissional nos ensinaram e ajudaram a refletir sobre o tema do sofrimento.

Aos nossos amigos e familiares, que estiveram juntos conosco na jornada dos muitos dias dedicados à construção deste livro.

À nossa amizade, pelo solo fértil que fez este livro brotar. E à vida, por nos dar o amor que faz tudo ser possível.

Apresentação

O sofrimento faz parte da condição humana. Do contrário, não despertaria o interesse de tantos filósofos, religiosos, pensadores, poetas, escritores e psicólogos. "A todo viver corresponde um sofrer", afirmou o escritor português Eça de Queirós (1845-1900). Testemunhamos essas dores no atendimento psicoterápico e pautamos nosso trabalho no desejo de ajudar a aliviá-las.

Ao longo dos anos, porém, tivemos a oportunidade de observar que existe uma tonalidade afetiva[1] do sofrimento que pode ser diferenciada e que neste livro denominamos vício do sofrimento.

A atitude de escuta ativa nos possibilitou identificar em determinados clientes um padrão de comportamento gerador de grande e recorrente sofrimento. Depois de estudar o tema e estruturar essas observações clínicas, detectamos que esse padrão constituía uma predisposição psicológica expressa por uma atitude de sofrimento perante a vida.

---

[1] Os termos técnicos e as palavras com significado especial são descritos no glossário disponível no final deste livro.

Os viciados sofrem sozinhos e remoem suas dores em silêncio, achando que não têm sorte, que tudo dá errado, que as coisas simplesmente não acontecem, que seu destino é sofrer. Em consequência, eles têm a autoestima prejudicada. Sentem-se inseguros, desvalorizados, ansiosos. Sua postura de derrota e pessimismo muitas vezes os impede de se conectar com sua saúde psíquica e os distancia do sucesso pessoal e social.

No vício do sofrimento não existe uma droga concreta ou estímulo externo. O substrato é o próprio sofrimento, somado à atenção recebida dos outros como ganho secundário por essa atitude repetitiva assumida diante da vida.

Hoje sabemos que alguns comportamentos compulsivos como: comer muito chocolate ou comida de forma exagerada, exercício físico, jogo, consumo, sexo, trabalho, internet e pequenos furtos são passíveis de tornarem-se vícios. Estes comportamentos funcionam da mesma forma como os viciados em alguma substância psicoativa – lícita ou ilícita. Todos estes casos e formas de vício são marcados pelo prazer momentâneo e por uma forma singular de se relacionar consigo e com o mundo.

Na experiência do vício em sofrimento o prazer é vivenciado como fugaz e seguido por uma sensação de frustração que remete consequentemente à falta, vazio ou carência inicial, caracterizando o ciclo de uma dependência, pois algo de essencial não foi preenchido ou reconfortado.

O ciclo do vício em sofrimento pode ser interrompido. Tal como em qualquer tratamento de abandono e superação de uma dependência, é necessário reconhecer e aceitar seu estado de submissão à adição para iniciar o processo de desconstrução da atitude. Trata-se apenas do início.

O presente livro foi escrito para sensibilizar aqueles que estão sofrendo solitariamente e para compartilhar olhares com indivíduos sensíveis à dor alheia, mas que se julgam impotentes para auxiliar pessoas queridas que se encontram em sofrimento psicológico.

No decorrer destas páginas, casos clínicos são descritos para ilustrar as várias facetas da expressão do vício do sofrimento – esperamos que sirvam como espelho para reconhecê-lo em si e no outro – e exercícios são sugeridos a fim de apontar caminhos para a superação.

No capítulo final, pretendemos auxiliar profissionais e colegas iniciantes na arte da psicoterapia, apresentando o psicodrama como método terapêutico. Nossa metodologia foi desenvolvida com os clientes que apresentaram a dinâmica do vício em sofrimento durante seu processo psicoterápico.

O alvo principal, contudo, é o sofredor. Nossa proposta é ser interlocutor de quem padece desse vício, sem se dar conta. Reflita: será que você faz parte desse grupo?

Dirce Fátima Vieira
Maria Luiza Pires

Sumário

Mensagem do asilo O Raiar do Sol **15**

Prefácio **17**

Introdução
Viver é sofrer? Sofrer é viver? **21**

Capítulo 1
Contextualização do sofrimento **25**
O advento da era axial 26
O sofrimento sob a ótica da religião 28
A concepção oriental 29
O aparecimento das noções de pecado e culpa 30
A fé como justificativa para o sofrer 32
Uma perspectiva filosófica 33
Valores contemporâneos 35

Capítulo 2
Vícios de ontem e de hoje **39**
Características principais 40
Efeitos psíquicos 42
Comportamentos compulsivos 44

Capítulo 3
O vício de sofrer **47**
Por trás de um transtorno da personalidade 49
Quando é impossível ser feliz 51
Um déficit não diagnosticado 52
A eterna vítima 53
Dependências que se somam 54
Novamente o vício camuflado 55
Um sintoma transformado em doença 56
Um compartilhar 58
Manifestações principais 60

Capítulo 4
A trajetória do sofredor 63
As primeiras interações do bebê 64
As transformações da puberdade 67
Obstáculos e desvios 72
Ciclo vicioso de pensamentos e atitudes 77

Capítulo 5
E agora, o que fazer? 81
Exercícios de percepção 84

Capítulo 6
Auxílio especializado 95
A psicoterapia psicodramática 97
Uma breve visão da ciência cognitiva 99
Informações sobre a neurociência 101
Pelos labirintos da memória 104

Capítulo 7
Aprofundando o conhecimento sobre a psicoterapia do viciado em sofrimento 107
Psicodinâmica do viciado em sofrimento 109
Nossa proposta de intervenção 113
Reconhecendo o sofredor em psicoterapia 115
A desconstrução do vício 117
Associações bem-vindas 121
O valor do grupo terapêutico 125

Palavras finais 129

Glossário 135

Bibliografia 139

Mensagem do O Raiar do Sol

Em 1984, o Sr. Djalma Batista de Oliveira, casado com a Sra. Maria Júlia Tavares, trabalhava como enfermeiro em alguns hospitais de São Paulo.

Ao ver seu pai apresentando várias complicações de saúde, próprias da idade, e necessitando de atendimento 24 horas, sentiu o desejo de trabalhar com assistência a idosos. Junto com a esposa começou a trabalhar em uma casa de repouso na Zona Sul de São Paulo.

Paralelamente ao trabalho que faziam na casa de repouso, eles mantinham, informalmente, outra casa onde abrigavam idosos doentes e moradores de rua.

Em 1990, o governo federal promoveu um projeto que visava o desenvolvimento do idoso. O casal conseguiu, então, firmar o contrato de comodato do prédio do Instituto Nacional do Seguro Social (INSS), no Cambuci (atual endereço), e, por fim, no dia 10 de outubro desse mesmo ano, realizaram o antigo sonho de inaugurar uma casa de repousosem fins lucrativos para abrigar idosos necessitados. A assistência do governo limitou-se à disponibilização do imóvel, sem nunca ter colaborado financeiramente.

Dona Júlia faleceu em 1993, mas o Sr. Djalma não desistiu do grande trabalho que tinha pela frente e até hoje administra a instituição com muita dedicação e empenho.

O Raiar do Sol é uma instituição filantrópica, sem fins lucrativos, que desenvolve um programa de atendimento integral a homens e mulheres com idade a partir de 65 anos.

Atualmente, a instituição presta assistência a oitenta e cinco idosos em regime de abrigo de longa permanência, e, destes, somente uma minoria recebe a aposentadoria do INSS.

O Raiar do Sol é mantido por doações pontuais, sem parcerias com o poder público, resultado da generosidade e solidariedade da população. Esses grupos e pessoas, preocupados em atender às necessidades da instituição, contribuem com donativos, promovem campanhas, fazem doações para o bazar da instituição e cedem mão de obra para reparos e consertos nas instalações do prédio.

O objetivo da entidade é minimizar o grave problema de atendimento ao idoso quando da inexistência do grupo familiar, do abandono e da carência de recursos financeiros próprios ou da família.

Na instituição, a identidade dos idosos é preservada, assim como são observados os seus direitos e garantias. Vive-se em um ambiente acolhedor de respeito e dignidade, no qual são atendidas as necessidades com a saúde, a alimentação, a higiene, o repouso, o lazer, além do desenvolvimento de outras atividades, características da vida institucional.

Buscando atender ao direito básico à saúde, assegurado pelo Estatuto do Idoso, é disponibilizado aos idosos residentes: assistência médica preventiva e de manutenção, por meio de equipe médica e de enfermagem contratada para prestar serviços na própria instituição; encaminhamento a hospitais públicos; e suprimento de medicamentos de uso continuado através da rede pública e dos eventuais no caso de necessidades específicas.

O Raiar do Sol
www.asilooraiardosol.com.br

Prefácio

O Sofrimento como Vício - Entenda e supere essa dinâmica de Dirce Fátima Vieira e Maria Luiza Pires faz convergirem a tradição do pensamento como consolo das aflições e a experiência clínica. Não se trata de converter teorias em método e instrumento de conduta, mas do esforço de autoconhecimento e "cura da inteligência", a fim de identificar as predisposições a sentimentos de autopunição e a atitudes de subestima que produzem ativamente papéis individuais e expectativas do grupo de pertencimento ou referência, quando os mecanismos de repetição acabam por determinar uma segunda natureza inapta a experiências existenciais e a situações inéditas.

Assim, o fracasso anunciado é o vício que se transforma em hábito e identidade. No glossário, lê-se que o vicio é "a adição ao sofrimento; quadro psicodinâmico formado por um conjunto de fatores de natureza mental e emocional que tornam uma pessoa dependente de comportamentos que conduzem ao sofrimento de forma recorrente". Considerando relatos de pacientes que, nos processos de socialização na família ou na esfera do trabalho, se escolhem como perdedores, na impotência face às contingências do passado, projetadas no presente, as autoras referem-se a todo um repertório de reflexões, da filosofia às religiões, das práticas de vida ao mundo desencantado, carente de transcendência e valores. Não por acaso, o trabalho refere-se ao horizonte intelectual que determinou a percepção da deriva e da perda de orientação moderna, que se expressam em diversos fenômenos que atestam a falta de sentido e a tentativa de encontrá-lo em diferentes formas de negação de si, como obesidade mórbida, esportes radicais, anorexia, bulimia. Quanto mais tecnologizado o mundo, menos o indivíduo dispõe dos meios de inserir-se em um cotidiano inflacionado de informações e de "conselhos sem experiência": "o homem de hoje está cada vez mais ansioso e desconectado do universo. A competitividade e o materialismo exacerbados, a perda da tradição e a velocidade acelerada em que vivemos conduziram ao individualismo e à busca do hedonismo".

Em meio às reações de frustração e de adições generalizadas, o princípio do prazer revela-se sem prazer algum e se reverte em seu contrário: a compulsão à repetição, a duração de feridas narcísicas de difícil cicatrização. Assim se constrói a figura da "eterna vítima": "a queixa principal da dona de casa Marilda, de 55 anos, era sofrer com suas fobias [...]. Nas suas relações, vivia se colocando no lugar de vítima e sofredora e convidava os outros a entrar nesse jogo". Não se pense que as autoras propõem soluções que se assemelhem à autoajuda, mas de um *parti-pris* propriamente filosófico da consciência como lucidez diante das estratégias da onipotência em que a vida se pauta pela "rivalidade mimética" ou pelo "mimetismo de apropriação". Trata-se, assim, de comportamentos por imitação que proliferam na sociedade de massa e nas diversas formas compulsivas de consumo, das drogas aos bens culturais. Em um mundo em que os "exemplos" são sem experiência, em que nada há a imitar naqueles a quem se imita, desfazem-se valores, só restando o culto do vazio, como no fenômeno das celebridades: "nestes tempos pós-modernos, predominam a insegurança e a sensação de vazio, o que entendemos ser a versão contemporânea do sofrimento".

Não por acaso, Dirce Fátima Vieira e Maria Luiza Pires indicam o desaparecimento da experiência e da dimensão do sagrado, como os correlatos do apagamento da noção de sujeito e de subjetividade, da consciência e da responsabilidade, uma vez que a modernidade é o culto do excesso e da desresponsabilização do agente, o que significa a redução do indivíduo à sua condição de minoridade e de dependência das coisas externas, com a consequente perda do saber-viver: "o viciado apresenta um comportamento repetitivo que o leva a procurar e/ou provocar situações conflituosas nas relações afetivas, profissionais ou sociais. No jargão popular se poderia dizer que o viciado em sofrimento 'tem medo de ser feliz'.

Na cultura capitalista, cujo motor é o consumo pelo consumo e o sentido da regra e da medida é entendido como restrição da liberdade, esta se confunde com ausência de crítica e aumento da autoindulgência, reforçados pela educação e pela publicidade que produzem o indivíduo infantilizado e dependente de todas as coisas. De onde os pseudopertencimentos a "tribos urbanas", desde sua linguagem até seus comportamentos, diversas modalidades de hiperatividade, como as festas em que a utilização de drogas é o maior atrativo. Da melancolia às depressões, a pobreza do mundo interior afeta o exercício da livre faculdade de julgar. Reatualizando a reflexão primordial da filosofia moral acerca do acaso e da necessidade, do determinismo e da liberdade, este livro propõe o retorno a essas questões primeiras, para que o indivíduo possa ser senhor de suas ações e vontades, com consciência de causa: "sabemos que a experiência do ser sofrente é de insuperável solidão [...]. No entanto, a consciência desse fato poderá dar ao indivíduo a condição de desmontar essa imagem de si para, consequentemente, redefinir sua individualidade".

Em tempos de "pobreza de experiências" e da "experiência da pobreza", este livro tem uma dimensão ética. É reflexão sobre si mesmo, é confiança em que a consciência é capaz de fazer homens melhores, dando pleno sentido à formulação kantiana segundo a qual "se nem todos os homens são felizes, todos têm o direito a sê-lo".

Olgária Matos
Professora titular e livre-docente do Departamento de Filosofia da Faculdade de Filosofia, Letras e Ciências Humanas da Universidade de São Paulo

Introdução
Viver é sofrer? Sofrer é viver?

Creio que não se pode fazer nada de grande na vida se não se fizer representar o personagem que existe dentro de cada um de nós.
Charles Chaplin, ator, diretor e humorista inglês (1889-1977)

Sofrer é uma realidade que diz respeito a todos nós. Quantos seres humanos passaram pela vida sem uma experiência de dor ou sofrimento? Nenhum!

Convém lembrar, no entanto, que o sofrimento – entendido como ato ou efeito de sofrer, suportar, tolerar, padecer com paciência ou padecer dores – transcende a dor física para atingir o plano moral e espiritual. Por isso, ele é considerado uma característica humana.

Os animais sentem dor, mas são incapazes de sofrer como homens e mulheres, muito embora estudos recentes demonstrem que os mamíferos e outras espécies que vivem em grupos apresentam uma forma rudimentar de empatia pela dor de seus semelhantes.

A dor traduz apenas a face biológica e fisiológica do sofrimento. Ela faz parte do sistema de comunicação primitivo, sendo um importante sinal de alerta destinado a nos proteger. O sofrimento, por sua vez, é uma experiência subjetiva e emocional de duração indeterminada, bem diferente da dor, que, em geral, é temporária. Ninguém suportaria sentir dor sempre, ao contrário do sofrimento, que pode ser companheiro de toda uma existência.

Contudo, o fato de o sofrimento fazer parte da condição humana, ou seja, ser intrínseco ao existir, não significa que deva ser encarado como uma desgraça sobrevinda para nos tornar obrigatoriamente infelizes para sempre.

O sofrimento pode ser interpretado como um evento capaz de proporcionar crescimento. Os ensinamentos que emergem dessa vivência contribuem para tornar a vida singular, mobilizar-nos em busca de respostas para as nossas inquietudes e inspirar ações que nos ajudem a superar nossas angústias em vez de ficarmos amortecidos, deixando-nos levar pelo destino.

Nesse sentido, o sofrimento pode ser um motor para a mudança. O mesmo se aplica à felicidade, ao prazer e a outras emoções e outros sentimentos que compõem a experiência humana.

O sofrimento como tonalidade afetiva da consciência sadia e da vivência normal oferece uma possibilidade de entender o mistério de nossa própria história, resignificá-la e responder eticamente pela vida.

Pessoas que conseguem transformar o sofrimento em força e esperança depois de enfrentar situações de grande dor são chamadas resilientes. A resiliência pode ser entendida como uma imunidade psicológica aos traumas e às adversidades; é uma plasticidade cerebral que possibilita a adaptação e a construção de uma vida sadia, apesar de se viver em um mundo insano. No outro extremo, há quem sucumbe à dificuldade e se entrega ao sofrimento. Por serem mais vulneráveis às suscetibilidades da vida, essas pessoas acabam por padecer na tristeza. Não conseguem transformar e ser transformadas nas adversidades e, muitas vezes, definem um padrão de relacionamento consigo mesmo e com o mundo que tem o sofrimento como fio condutor. Chegam, inclusive, a buscá-lo deliberadamente.

O exemplo de Roberto[2] é sugestivo. Aos 35 anos, casado e bem empregado, era um profissional inteligente que exercia o cargo de gerente de uma multinacional. Queria muito ser promovido a diretor, mas não conseguia galgar posições na carreira. Confundia liderança com autoritarismo, não cumpria os prazos combinados e se confrontava com os superiores nas reuniões. Não entendia por que não era indicado para a diretoria nem se conformava por não ter um diferencial de salário, já que sua equipe obtinha excelentes resultados.

Queixava-se de estar estressado, de não conseguir deixar os problemas no trabalho e de descarregar sua tensão em casa, causando conflitos e desencontros com sua esposa e filhos. Não conseguia ser bom pai, menos ainda bom marido. Com frequência, passava as noites acordado, trabalhando. Não conseguia descansar. Oscilava entre a ansiedade e a depressão. Fazia do trabalho uma tarefa árdua, solitária, cansativa e estressante.

---

[2] Todos os nomes de pacientes foram trocados para preservar sua identidade, assim como algumas características pessoais que poderiam levar à sua identificação

Durante atendimento psicoterápico, Roberto percebeu que o sofrimento e o insucesso sempre conduziram sua vida. Filho de mãe solteira, desde pequeno foi submetido a sentimentos de vergonha e rejeição. Acreditava inconscientemente que só com o sofrimento mereceria alcançar progressos na vida, o que, aliás, era alimentado por sua crença religiosa. Segundo sua filosofia de vida, o sucesso era consequência de grande sofrimento.

Outro exemplo de como o sofrimento pode estar reatualizado em uma história de vida é o caso de Joana, 40 anos, recém-separada de um longo casamento. Seu ex-marido, um alcoólatra, alternava períodos em que agia como bom companheiro e homem provedor com outros em que bebia demais e a maltratava. Muitas vezes, ela sofria violências psicológicas e assédio moral. Teve três filhos e na relação da filha com o pai revia a própria história de vida.

O pai de Joana também era alcoólatra. Sua mãe ficava muito angustiada e escondia da filha grande parte das atitudes dele, até a adolescência, quando isto já não era mais possível. Então, a mãe passou a encarregá-la de ir buscar o pai nos bares e casas noturnas.

Joana chegou à terapia com um quadro de depressão. Aos poucos, começou a desconfiar de que o sofrimento era uma constante na sua vida, ou seja, algo do qual não conseguia se desvencilhar, quase um vício.

Os capítulos seguintes aprofundarão como se manifesta o vício do sofrimento, além de mostrar o que é possível fazer para abandonar este *script*. Antes, porém, convidamos a um percurso para além da psicologia, a fim de se ter uma perspectiva mais ampla do sofrimento. Essa contextualização oferece um pano de fundo para a compreensão do sofrimento como um vício, que é o tema deste livro.

Capítulo 1
Contextualização do sofrimento

> *Sabedoria é vencer-se a si mesmo;*
> *ignorância é ser vencido por si mesmo.*
> Sócrates, filósofo grego (470-399 a.C.)

O sofrimento não tem um significado único e universal. Muito pelo contrário. Sua concepção varia conforme as diferentes épocas e culturas. Cada sociedade estabelece uma relação com o sofrer que é captada por seus integrantes e ajuda a configurar o existir daquela população. Sendo assim, as experiências de sofrimento são elaboradas, interpretadas e expressas de formas diversas.

Apresentamos, a seguir, uma breve reflexão sobre a relação do homem com o sofrimento ao longo da História, da Idade da Pedra aos dias atuais.

O advento da era axial

No mais remoto período Paleolítico (2 milhões de anos até 10.000 a.C.), mais conhecido como a idade da pedra lascada, o mundo era habitado pelos primeiros hominídeos. Estes eram nômades e viviam em grupos de caçadores e coletores. A nossa espécie – *Homo sapiens* (200.000 a.C.) – surgiu no Paleolítico Inferior e registrou a vida dessa época na arte rupestre das cavernas. Podemos conjecturar que a luta pela sobrevivência e a necessidade cotidiana de escapar dos predadores dava a tonalidade do que representava o sofrimento para esses primeiros humanos. Sabe-se que o homem primitivo enterrava seus mortos e já tinha um sentido de magia, mas a constatação da morte de seus semelhantes representava um enigma.

Com o fim da última era glacial, a Terra se aqueceu, o que propiciou o aparecimento da agricultura. Nesse período, denominado Neolítico (8.000 a.C.) ou idade da pedra polida, surgiu a possibilidade de uma moradia fixa, o que levou à fundação das primeiras aldeias. As chamadas civilizações arcaicas, embasadas na agricultura, mudaram de forma radical as relações econômicas e a maneira como a espécie humana se relacionava com o universo, por isso essa época também ficou conhecida como "revolução neolítica" ou "revolução agrária".

Datam, pois, dessas épocas, as explicações mitológicas para os acontecimentos e a criação do mundo, bem como a relação com os deuses associados à natureza: deus do sol, deus da chuva, deusa da fertilidade etc. O divino era compreendido e se expressava para esses povos por meio da fertilidade e das boas colheitas. Para o homem religioso das culturas arcaicas, o mundo era percebido como sagrado e sua relação com a natureza, o espaço e o tempo era vivida de forma ritualística.

Mas como explicar as secas, as epidemias, os infortúnios, o porquê de alguns terem saúde e sorte e outros não? Como explicar o sofrimento e a transcendência? A estabilidade e o crescimento econômico alcançados pelos povos agrícolas de diversas regiões do mundo, em especial no Mediterrâneo, na China, na Índia e no Irã, estimularam a busca de respostas para a relação do homem com o universo e do homem consigo mesmo. Entende-se que as grandes religiões e a filosofia surgiram como resposta a tais questionamentos profundos do ser humano.

O filósofo alemão Karl Jaspers designou de "era axial" (800 a 200 a.C.) o período em que o homem criou essas explicações para entender a si e ao mundo. Axial se refere a eixo. Logo, o termo significa que o homem começava a buscar um eixo diante das suas questões existenciais.

O interessante é que isso aconteceu quase concomitantemente em locais distintos do planeta, mesmo quando não havia contato entre os povos. Em Israel, a reforma do antigo paganismo hebreu do século VIII ao VI a.C. deu origem ao judaísmo. Na China, Confúcio e Lao-Tsé lançaram as bases do confucionismo e do taoísmo nos séculos VI a V a.C. Sidarta Gautama, o fundador do budismo, viveu na Índia no século VI a.C. Enquanto isso, na Grécia, por volta do século V a.C., Sócrates e depois Platão introduziam com a filosofia uma compreensão racional da natureza e da vida humana, questionando as explicações mitológicas conhecidas até então.

O sofrimento sob a ótica da religião

As religiões surgiram, então, como propostas de ligação do homem com o divino, com as divindades ou com um Deus. Podem ser caracterizadas por conter uma crença/conceito, uma experiência emocional (canto, dança, arte), uma cerimônia (missa, culto) e, por fim, uma estrutura organizacional (padres, bispos, pastores, rabinos etc.). As religiões oferecem compreensões a respeito do sofrimento. Algumas o apresentam como justificativa e expiação temporal do ser humano. Em outras palavras, sofre-se nesta vida para merecer a que vem depois, avançar alguns degraus no processo de evolução espiritual ou pagar por erros cometidos em vidas anteriores. Há também as que apresentam a possibilidade do sofrimento eterno para quem ignorou seus ensinamentos.

O conceito de sacrifício aparece em muitas delas. Mesmo nas sociedades primitivas existia a crença de que o sacrifício humano poderia trazer bons acontecimentos, como fartas colheitas e afastar desastres naturais. Alguns povos atribuíam catástrofes ao fato de terem se distanciado de Deus. Nas épocas de prosperidade se afastavam dele, para depois recorrerem ao seu auxílio nos períodos de aflição extrema. Assim, as crenças religiosas passaram a ser maneiras de tolerar ou de abrandar o sofrimento das pessoas.

A religião também foi uma forma de alguns povos terem suas regras e organizarem as novas sociedades em formação. Por exemplo, a fé monoteísta dos hebreus exigia a observação aos Dez Mandamentos e a adoção de um comportamento ético. Obedecer a exigências e regras religiosas pode ser natural para quem professa uma religião, mas sofrimento para quem não compartilha a mesma fé.

A concepção oriental

Do outro lado do mundo, foram concebidas outras explicações. O taoísmo, que se estabeleceu na China em torno do século V a.c., trouxe uma visão completamente diferente do sofrimento. Parte do princípio de que tudo se baseia no tao, o sopro do universo, a energia que dá vida. A natureza está em constante processo de transformação, ditado por um ritmo secreto que favorece o equilíbrio. Cabe ao ser humano a não ação: não se abster ou negar, mas captar, entender e entrar em sintonia para também fazer parte desse equilíbrio universal. Nesse contexto, o sofrimento e as doenças resultam de um desequilíbrio.

O hinduísmo, outra religião muito antiga, crê na existência do absoluto ou realidade última, o Brahman. Os hindus presumem que somos resultado de nossos atos e propõem a lei do carma, segundo a qual tudo o que fizermos nesta vida, bem ou mal, colheremos nas vidas posteriores e, consequentemente, tudo o que nos acontece nesta vida também é fruto do nosso carma. A vida é compreendida como um ciclo de reencarnações. A sequência de renascimentos só é quebrada quando se atinge a libertação. Para romper esse ciclo, é fundamental acumular bons atos, ou seja, renunciar aos desejos, afastar-se das ilusões, praticar a não violência e não viver à custa de outras vidas. Portanto, para os hindus, o desejo é o que nos faz sofrer, daí a importância de não valorizá-lo.

A sociedade na Índia é organizada mediante um sistema de castas existente no hinduísmo. A casta mais inferior, formada pelos chamados párias ou intocáveis, compõe-se de pessoas responsáveis por tarefas braçais e expostas a humilhações. Vivem maltrapilhos, são desprovidos de direitos políticos e, por essa razão, desprezados pelo sistema. Mesmo que para nós, ocidentais, isso pareça inadmissível, segundo o sistema de castas, o sofrimento dos párias é justificado e aceito com base na lei do carma do hinduísmo.

O budismo, que surgiu na pátria do hinduísmo, a Índia, rompe com o sistema de castas, mas conserva a crença na reencarnação. Acredita que a existência humana é sofrimento e que a sua causa é o desejo: o ser humano sofre por causa do desejo e do seu apego. O budismo concebe que, pela prática da meditação, é possível chegar a um estado mental em que cessam os desejos. Para alcançar esse estado – o Nirvana –, e se libertar do sofrimento, deve-se praticar o desapego e ter uma conduta virtuosa na vida. O caminho espiritual depende apenas do esforço de cada um. Seguindo esses preceitos, Buda (566 a.C. a 486 a.C.) alcançou a iluminação e, por sua compaixão, decidiu tornar-se um guia para que outros seres humanos parassem de sofrer. Segundo a concepção de Buda, qualquer um pode alcançar o nirvana, isto é, a realidade absoluta acima do espaço e do tempo, o estado de liberdade e iluminação dentro de si em que cessam os desejos e, por conseguinte, o sofrimento.

O aparecimento das noções de pecado e culpa

Princípios muito diferentes das visões filosófico-religiosas do Oriente norteiam as grandes religiões ocidentais monoteístas: o judaísmo, o cristianismo e o islamismo. Todas têm em comum o patriarca Abraão, que vivia na cidade de Ur, na Mesopotâmia, por volta de 2.000 a.C.. Um dos filhos de Abraão,

Ismael, é considerado o ancestral dos povos árabes. O islamismo surgiu com Maomé (570 d.C. a 632 d.C.) e possibilitou a unificação dos povos árabes. Seu livro sagrado, o Alcorão, registra seus ensinamentos, tradição religiosa e algumas passagens do Antigo Testamento judaico e cristão. A palavra "islã" significa submissão (ao Deus Alá ou aos desígnios Dele). As obrigações religiosas se resumem em cinco: crer em Alá, orar cinco vezes ao dia voltado para Meca, praticar a caridade (imposto fixo sobre a riqueza), jejuar no mês de Ramadã e peregrinar até Meca uma vez na vida. Os muçulmanos acreditam na vida após a morte e no Juízo Final, com a ressurreição de todos os mortos.

O cristianismo, que nasceu dentro do judaísmo, traz na vida de Jesus Cristo a ideia de amor ao próximo e da vida eterna após a morte. Os cristãos temem os horrores do inferno e anseiam alcançar o paraíso, o mundo divino, imaterial e imutável das almas benditas. Desse modo, é ensinado aos fiéis que Cristo morreu e ressuscitou para salvar o mundo e, com isso, dar sentido à vida humana e ao seu sofrimento. A imagem do Cristo crucificado cristaliza a ideia de que o sofrer é necessário para alcançar a redenção.

A tradição judaico-cristã introduz a noção de pecado e, com ele, advém a culpa. Cada ser humano já nasce com o pecado original, cometido por Adão e Eva. Pecar é desobedecer a lei de Deus. No Ocidente, essa noção de culpa substituiu a noção de erro preexistente desde a Grécia antiga. O erro, por sua vez, não era encarado como de exclusiva responsabilidade de um homem, mas era aceito e expurgado de forma coletiva no espetáculo das tragédias. Quando reconhecido, o erro pode levar ao acerto, à responsabilidade e à reparação. A culpa, no entanto, só traz o sofrimento ou a penitência, não necessariamente um arrependimento. A culpa é sempre um sentimento dilacerador, pertinente apenas àquele que se considera em dívida. Trata-se, portanto, de um conceito individual. Na cultura cristã, a absolvição do pecador só decorre da graça divina. Então, culpabilizar-se pode ser uma forma recorrente de sofrer.

A fé como justificativa para o sofrer

Todas as religiões, de alguma forma, propõem uma conexão com o divino como algo natural e saudável para o equilíbrio humano. Os fiéis que creem nos dogmas e na existência de algo superior, ou mesmo na prática mística, testemunham suportar melhor as dificuldades e aceitar a morte com menor desespero.

No caso dos viciados em sofrimento, contudo, esses dogmas e crenças podem ser utilizados como justificativa para tal atitude. É o que se depreende da história de Marlene. Aos 40 anos, casada e com filhos, trouxe as queixas de ansiedade e de dores no estômago, mal-estar, insônia, perda de peso e depressão. Já havia passado por vários médicos e tomado diversas medicações, sem apresentar melhora.

Marlene contou que levava uma vida regrada, com horários muito rígidos. Tinha um marido exigente. Em decorrência da educação familiar severa, sempre se colocava de forma submissa nos relacionamentos. Não conseguia sentir desejo sexual e não se permitia fazer aquilo que gostava. Sua rotina não previa espaço para lazer. Passava o dia cuidando dos outros. Sua vida pessoal e social era restrita.

Bastante religiosa, ela seguia fielmente os ensinamentos de sua fé e realizava trabalho voluntário na sua igreja. Em um primeiro momento, a religião lhe trouxe certo alívio e explicação para o seu sofrimento. Mas com o passar do tempo, sua doutrina religiosa foi inconscientemente utilizada como mais uma maneira de se martirizar. Complementava, assim, sua personagem de ser sofrente, justificando seus tormentos.

A certa altura, porém, ela foi encaminhada à psicoterapia. Nesse processo, descobriu, entre outras coisas, que o sofrimento estava presente desde sua infância, vivida em uma família desorganizada e frágil. Ao tomar consciência disso, compreendeu que lidava com sua religião de modo a alimentar seu sofrimento. Por exemplo, muitas vezes, já exausta pelos afazeres de mãe e esposa, era procurada pela comunidade religiosa para ajudar alguém e trabalhar naquele ofício. Não conseguia dizer não. Pela sua crença, não poderia deixar de se sacrificar. E assim se desrespeitava.

Também pela sua religião, o sexo era para procriação, daí não se sentia bem nas relações sexuais, porque não podia gostar de sexo. Como era viciada em sofrimento, não conseguia sentir prazer na vida. Nesse exemplo, procuramos mostrar como uma pessoa pode utilizar uma crença religiosa como a "droga" para o seu vício.

Uma perspectiva filosófica

A filosofia surgiu, entre outras coisas, da contestação dos mitos gregos e ofereceu uma compreensão do mundo a partir da faculdade do pensamento. Na Grécia antiga, houve um enaltecimento do *logos* (razão). Nesse período, cabia à filosofia a arte de curar o sofrimento das almas pelo valor curativo da linguagem (diálogo).

Embora Tales de Mileto seja considerado o primeiro filósofo, a filosofia clássica começou com Sócrates e seguiu com Platão e Aristóteles. Platão entendia que o sofrimento oferecia a possibilidade de reflexão, ou seja, a consciência, que é uma consequência da faculdade mental de pensar e própria da experiência humana. Logo, somos uma espécie dotada de consciência e ela nos dá a genuinidade do sofrimento e seu sentido filosófico mais profundo: a finitude da vida e suas contingências.

Platão introduziu no Ocidente o conceito de alma, que pode ter sido inspirado pela filosofia hinduísta – o ãtma dos hindus. Esse legado de Platão inspirou a clássica discussão sobre a divisão entre corpo e alma, a cisão conceitual do homem. O filósofo grego também acreditava na existência de um mundo divino perfeito e diferente do nosso mundo dos sentidos, dizendo que vemos apenas sombras e não a realidade, descrito no "Mito da Caverna".

Essa ideia platônica, difundida pela religião cristã, foi duramente criticada pelo filósofo Nietzsche (1844-1900), que ressaltou que o mundo verdadeiro é este em que vivemos. Para o filósofo alemão, a alegria e o prazer pesam tanto quanto a dor e o sofrimento. Aceitar a vida com tudo o que ela oferece, de bom e de ruim, é a sua própria afirmação: o *amor fati*, que pode ser traduzido como a afirmação do inevitável e a aceitação de tudo o que se refere à vida. Para Nietzsche, a vida – esta vida que vivemos agora – é o valor mais alto entre todos os valores.

Em seus escritos, o filósofo abordou o ressentimento ao descrever dois tipos de moral: a dos nobres e a dos escravos. De forma simplificada, podemos afirmar que, na moral dos nobres, os valores partem de sua própria convicção ou verdade, o que não ocorre na moral dos escravos. Seus valores são definidos a partir do outro, nomeados, então, como ressentidos. Nietzsche afirmou, ainda, que a herança judaico-cristã propaga o ressentimento ao difundir uma concepção de vida que não apenas justifica, mas valoriza o sofrimento. Existe certa semelhança entre o ressentimento e o que se passa com o viciado em sofrimento. Pode-se dizer que, em ambos os casos, existe a ideia de não se afirmar a vida positivamente e ficar sempre se justificando por meio da falta.

Valores contemporâneos

As certezas ético-morais ou sócio-religiosas que protegiam a humanidade em outros tempos já não são tão difundidas. Aquele homem religioso das culturas arcaicas, do qual falamos no início, concebia o cosmo como unidade viva que nasce, se desenvolve e se extingue para renascer no Ano-Novo, quando o mundo se renova e reencontra a sua santidade original. As festas e rituais tinham a capacidade de reviver os fatos, daí seu sentido sagrado. É bem diferente da visão atual de tempo linear formado por uma sequência de dias em que tudo tem começo, meio e fim.

O culto ao divino cedeu lugar ao consumismo, convertendo-se em rituais ligados à veneração dos artefatos industriais e das mercadorias. Influenciado pela ideologia capitalista do consumo e do acúmulo, tanto de bens materiais quanto de informações e de novidades tecnológicas, o homem de hoje está cada vez mais ansioso e desconectado do universo. A competitividade e o materialismo exacerbados, a perda da tradição e a velocidade acelerada em que vivemos conduziram ao individualismo e à busca do hedonismo.

Hoje, a existência é vivida de forma dessacralizada. A contemporaneidade se define por:

- cientificismo;
- abandono do ideal de reflexão/contemplação;
- exaltação do mercado e busca da felicidade individual.

Resumindo, o mundo contemporâneo expulsou o sagrado.

Sem querer negar os avanços tecnológicos e os benefícios da ciência, como o aumento da expectativa de vida e o conforto da vida moderna, entendemos que, por outro lado, a civilização ocidental se esforça para excluir de sua realidade os aspectos dolorosos da existência humana. O equívoco dessa perspectiva é a simplificação que reduz o processo evolutivo humano a um percurso sem sofrimento, como se fosse possível uma vida absolutamente feliz.

Tentamos banir da nossa existência as doenças, a tristeza e a dor. Buscamos o anestesiamento momentâneo proporcionado pelos antidepressivos, drogas, compras compulsivas, entre tantos outros recursos, em direção à busca do eterno prazer. Mas, com isso, nos tornamos pessoas carentes, solitárias e mais vulneráveis a complementar o que é proposto pela cultura do espetáculo: a exterioridade. Sem peceber, perdemos nossos sonhos. Compramos o que nos vendem e entramos em um ciclo sem saídas. Como instinto de sobrevivência, aliamo-nos compulsivamente ao sistema vigente e nos vestimos de super-heróis para dar conta da condição *sine qua non* da contemporaneidade: o superlativo de ser ótimo em tudo e ter vários papéis (profissionais, sociais e culturais).

Essa onipotência destituída de valores e sentimentos autênticos impõe um preço alto. Nestes tempos pós-modernos, predominam a insegurança e a sensação de vazio, o que entendemos ser a versão contemporânea do sofrimento.

Algumas substâncias e hábitos de adição preenchem momentaneamente a sensação de vazio e da falta de sentido na vida, mas não a resolvem. É o que veremos nos próximos capítulos.

Capítulo 2
Vícios de ontem e de hoje

Nós somos os nossos próprios demônios.
Nós nos expulsamos do nosso paraíso.
Johann Wolfgang von Goethe, escritor alemão (1749-1832)

O momento social e global altamente estimulante em que vivemos é responsável por situações paradoxais: apesar de oficialmente muitas sociedades condenarem e/ou reprimirem o uso de substâncias nocivas – que podem variar conforme a região, aspectos culturais, demográficos, políticos e econômicos de cada população – muitas vezes incentivam de forma velada a utilização destas substâncias. Cada vez mais, as pessoas são encorajadas pela mídia a buscar ansiosamente algo que lhes ofereça prazer e a tão desejada felicidade. Como isso não acontece, alguns indivíduos acabam utilizando essas substâncias como forma de preencher a sensação de vazio interior, o que dá margem ao aparecimento de comportamentos de dependência ou de compulsão. Desse modo, a sociedade acaba por retroalimentar diversas formas de dependência.

Durante muito tempo, se estudou o abuso de substâncias psicoativas como álcool e outras drogas. O termo viciado ou dependente era conotativo da ingestão de substâncias ilícitas. Mas isso mudou. Com a crescente demanda de conhecimento sobre os vícios em geral, houve o reconhecimento de novos tipos de dependências. Pesquisas esclareceram que alguns comportamentos compulsivos (jogo, comida, compras, internet, sexo, entre outros) contêm aspectos biopsíquicos de dependência orgânica, por isso o termo adição passou a ser utilizado também nessas situações.

Atualmente, o vício não é mais considerado fraqueza pessoal ou moral, muito menos uma condição restrita a pessoas fracas. Os avanços nas áreas da medicina e da psicologia têm permitido compreender a dependência nos seus diversos aspectos: biopsicoafetivo, cognitivo, espiritual e cultural.

Características principais

Entendemos por vício uma síndrome caracterizada pela dependência física e psicológica em que um conjunto de fenômenos (fisiológicos, comportamentais e cognitivos) atua de forma concomitante e prioritária na vida de um indivíduo. De modo geral, as substâncias psicoativas produzem mudança de humor que pode ser de três tipos: euforia ou hiperatividade, lentificação ou relaxamento e alteração da percepção ou transe. Além de modificar as emoções, tais substâncias comprometem a capacidade de cognição e os reflexos motores.

Do ponto de vista da neurobiologia, a dependência física é reconhecida por três mecanismos principais: o sistema de recompensa, a síndrome de abstinência e a tolerância.

O sistema de recompensa envolve estruturas cerebrais e circuitos neuronais ativados mediante o uso da droga. Um dos efeitos mais evidentes é a descarga de dopamina, neurotransmissor que ocasiona a sensação de prazer. Esse sistema, evolutivamente bastante arcaico, é responsável pela perpetuação de comportamentos necessários à sobrevivência. Uma vez ativado por substâncias psicoativas ou comportamentos compulsivos, deixa de ser fisiológico e se torna disfuncional.

A síndrome de abstinência se caracteriza pela presença de sinais e sintomas decorrentes da parada ou redução do uso de uma substância e/ou da adoção de um comportamento. O exemplo mais conhecido é a abstinência ao álcool, que provoca tremores nas mãos, podendo chegar até a convulsões ou delírios.

A tolerância, por sua vez, é o fenômeno pelo qual o organismo solicita quantidades crescentes de uma substância ou exposição mais frequente a certo comportamento para ter o mesmo efeito obtido anteriormente. Por exemplo, pessoas que adormecem apenas sob efeito de calmantes (benzodiazepínicos), com o passar do tempo precisam de doses maiores para conseguir uma noite de sono satisfatória.

Convém salientar que em alguns vícios, como o alcoolismo, existe também uma predisposição genética para se tornar viciado. Do contrário, a ingestão de bebidas alcoólicas nem sempre produz esse resultado.

Efeitos psíquicos

A dependência psíquica ou psicológica pode ser definida como uma compulsão para o uso de uma substância ou a adoção de um comportamento com o propósito de obter prazer ou diminuir um desconforto. A compulsão é entendida como a celebração do puro presente e do estímulo a uma gratificação imediata de desejos e pulsões. Como o prazer é passageiro, é necessário buscá-lo novamente. A compulsão está ligada ao desejo de trazer de volta aquele momento de bem-estar.

Vale a pena ressaltar que esse bem-estar não decorre somente do efeito bioquímico, mas também do reforço social que envolve determinados vícios. Por exemplo, um fumante não sente prazer só pela ação bioquímica da nicotina no cérebro, que traz alívio da ansiedade. É mais difícil cessar o fumo quando alguém próximo também fuma. Da mesma forma, o prazer da bebida alcoólica é influenciado pela sociabilização do ato de beber. Para a mulher dependente de compras acontece algo semelhante: aqueles momentos em que ouve elogios da vendedora (ao entrar na loja: "*como você está magra*"; e ao experimentar uma roupa: "*você ficou linda e elegante*") podem ser fonte de bem-estar.

Nos encontros musicais é notório e sabido que vai "rolar" a droga naquele grupo. Nas *raves*, além de dançar e ouvir o som eletrônico, os jovens consomem *ecstasy*, assim como na década de 1970 as drogas alucinógenas faziam parte das festas *hippies*. A sensação de pertencimento retroalimenta o desejo do uso da droga. Em gradações maiores de dependência, é possível entender, então, por que os viciados em drogas gostam de ficar entre as pessoas com as quais se identificam; ali suas dificuldades parecem inexistir. Sentem-se incluídos e aceitos.

Existe, também, um ganho secundário decorrente da busca desse tipo de prazer, que acaba por retirar, ainda que temporariamente, o indivíduo da sensação de desconforto provocada por alguma falta ou carência. Exemplificando, pode ser desde um caso esporádico de um homem de meia-idade que, depois da separação, vai a uma loja de automóveis e compra um carro esporte dos seus sonhos para não se deparar com a perda recente da família, até exemplos em que há comportamentos repetitivos: aqueles homens mais velhos que só saem com mulheres jovens e bonitas porque não sabem lidar com o envelhecer, com a baixa autoestima ou mesmo com distúrbios da sexualidade. Ou aqueles que só "ficam" e nunca conseguem assumir um compromisso de namoro; param sempre na fase da conquista, sem olhar para o seu temor de viver uma entrega amorosa. Ou mesmo, mulheres solitárias que vão às compras compulsivamente para preencher a ausência do marido.

Esse ciclo leva o dependente a experimentar o efeito psíquico de preenchimento de alguma carência. Embora fugaz, essa vivência é muito intensa, propiciando ao indivíduo a sensação de estar preenchido, feliz, onipotente e valorizado.

As vivências psicológicas, somadas ao efeito bioquímico produzido, impedem ou dificultam a percepção dos males associados ao uso da droga, portanto ele não se reconhece como dependente nem deseja se libertar. Aos poucos, vai-se tornando escravo da droga/substância/comportamento e, como consequência, há uma redução de seus interesses em geral e um empobrecimento da sua vida pessoal e social. Tudo isso, somado à diminuição da autoestima, contribui para o uso recorrente da droga.

Nos casos mais avançados de dependência de drogas e substâncias é possível detectar uma negligência quanto aos cuidados pessoais, um desinteresse pelas relações afetivas e dificuldade de aprendizagem por comprometimento da memória. A necessidade de adquirir a droga pode ocasionar distúrbios do comportamento, tais como realizar furtos, prostituir-se, traficar para conseguir dinheiro e manter o vício, além de gerar conflitos familiares e a perda de crédito e confiança nas relações afetivas mais próximas. Nesses casos, observa-se um isolamento social progressivo.

Comportamentos compulsivos

Nos viciados em algum comportamento – exercício físico, jogo, consumo, sexo, trabalho, internet ou pequenos furtos – manifesta-se principalmente a dependência psicológica. O interesse da pessoa é voltado para a situação viciante; seu ciclo de amizades se restringe; torna-se um indivíduo solitário; sua qualidade de vida fica empobrecida.

A forma como a sociedade atual (extremamente competitiva) interfere na realização dos desejos também favorece os comportamentos compulsivos. No processo natural de realização e busca de satisfação existem etapas a serem cumpridas para chegar à plenitude.

Primeiro, sente-se o desejo propriamente dito; em seguida, uma inquietude por não tê-lo saciado. Essa insatisfação leva à busca do alimento e/ou objeto desejado para depois atingir o patamar da satisfação. Vivencia-se, então, um período de quietude em que o desejo cede lugar à sensação de preenchimento e usufruto do pódio. A pessoa sente-se realizada, plena e vive um estado de equilíbrio que a torna menos vulnerável a novos estímulos.

O esquema a seguir resume a sequência normal da realização de desejos:

Quase na etapa final ocorre uma alteração fundamental. Na sociedade contemporânea, existe uma urgência que aborta a fase do pódio, ou seja, não é dado tempo suficiente para cada um viver e usufruir de suas vitórias e conquistas. Ao contrário, estimula-se nova busca. Desafios após desafios, na maior parte do tempo, o que se experimenta nessa procura incessante é a insatisfação e não a potência das realizações. Daí sobrevém alguns quadros de ansiedade, depressão, estresse e o vazio que caracteriza a condição pós-moderna.

Ficamos, portanto, mais vulneráveis às compulsões e à busca do gozo imediato, que pode estar atrelado a necessidades fabricadas: parece que queremos sempre ter o último modelo de carro, roupas, eletrônicos e, por que não dizer, trocar constantemente de parceiros afetivos. Além do mais, almejamos um ideal de perfeição – ser pai ou mãe ideais, excelente profissional, melhor amigo, filho predileto, ter corpo escultural, entre tantos outros ideais que fomentam a competição e a cobrança de eterna autossuperação. Na reta final, esses fatores geram compulsividade, insatisfação e tédio, sentimentos que podem vir a alimentar vícios e dependências.

O vício de sofrimento integra esse rol de comportamentos compulsivos, portanto está sujeito a essas influências culturais e exerce impacto na qualidade de vida. É o que mostraremos no capítulo seguinte.

Capítulo 3
O vício de sofrer

Os sofrimentos humanos têm facetas múltiplas:
nunca se encontra outra dor do mesmo tom.
Ésquilo, poeta trágico grego (525 – 456 a.C.)

O sofrimento é universal e faz parte da vida. Em momento algum pretendemos abolir essa noção; queremos apenas criar condições para minorar o sofrimento de alguns, especificamente dos que padecem de um tipo de dor evitável.

Não se trata, pois, de uma análise ingênua postulando viver em um mundo isento de problemas e adversidades. Nossa proposta é refletir e discutir sobre um sofrimento que não necessitaria fazer parte da vida cotidiana, mas é bem provável que muitos de nós já tenhamos presenciado algo semelhante em nós mesmos ou em pessoas próximas.

O que chamamos vício é o sofrimento como estado de escravidão interna e forma específica de consciência, criando dores adicionais que não precisariam ser vividas; um modo de sofrer provavelmente elaborado de maneira inconsciente e que constituiu a atitude sofrente em relação aos outros e ao mundo. É, portanto, um quadro psicodinâmico, ou seja, formado por um conjunto de fatores de natureza mental e emocional que motivam esse comportamento humano.

Esse vício se caracteriza por um padecimento psicológico em que os dependentes sofrem em silêncio. Nem eles próprios ouvem o seu lamento. A maioria das pessoas sequer percebe que está sob uma dependência. Imagina que faz parte da sua vida não ter sorte ou tudo ser mais difícil para si. Olha para esse sofrimento como se fosse uma dificuldade da vida e procura justificativas para a sua dor, sem entender que esse padrão de comportamento ou sentimento formata uma atitude repetitiva causadora de seus desencontros e insucessos.

Assim como a dependência de drogas, o vício de sofrer também é retroalimentado. A dependência se manifesta quando a vida vai bem e a pessoa inconscientemente produz situações geradoras de conflito e sofrimento. O viciado apresenta um comportamento repetitivo que o leva a procurar e/ou provocar situações conflituosas nas relações afetivas, profissionais ou sociais. No jargão popular se poderia dizer que o viciado em sofrimento "tem medo de ser feliz".

Quem possui esse vício não experimenta a leveza existencial e sim um vazio de existir. A leveza existencial se relaciona ao prazer de viver, à certeza de que a vida tem um significado, à convicção de estar construindo alguma coisa para si e para a coletividade. Uma pessoa com saúde biopsicossocial desfruta dessas sensações. Já o viciado em sofrimento considera a vida dura, difícil e pesada. Vive se perguntando: *"Pra que?"* E só encontra o vazio.

O custo dessa dependência é alto. O sofrimento psicológico causa isolamento social, depressão, pensamentos obsessivo-compulsivos e ansiedade disfuncional (gasta-se muita energia para pouco ou nenhum resultado).

E frequentemente o vício de sofrer está camuflado nos transtornos da personalidade (tais como a depressão, a ansiedade, o pânico, o distúrbio bipolar e outras neuroses), o que dificulta ainda mais a percepção de que se trata de um vício.

Descrevemos, a seguir, algumas manifestações do vício de sofrer para ilustrar de forma mais vívida essa nova definição. Antes, porém, salientamos que não abordaremos outros aspectos psicológicos de cada caso. Na verdade, cada um representa uma coletânea da dinâmica a ser apresentada. Sendo assim, todas as características possíveis de identificar seus sujeitos foram alteradas.

Por trás de um transtorno da personalidade

José era um executivo inteligente, muito solícito e rodeado de amigos. Aos 38 anos, casado e com três filhos, estava bem situado financeira e socialmente e em pleno crescimento profissional. Ele nos procurou com a queixa de ser ansioso e ter um medo infundado de hospitais.

A ansiedade se expressava na sua forma rápida de falar, sempre narrando tudo com mínimos detalhes, sem deixar espaço para os outros fazerem intervenções. Dificilmente ele conseguia parar e ouvir seu interlocutor. O quadro ansioso o impedia de curtir o presente. Vivia às voltas com seus planos para o futuro.

O medo de injeção o afastava de médicos. Não fazia exames, não podia ver sangue ou seringas e jamais acompanhava amigos e familiares ao hospital. Quando ia ao cinema e via cenas com essa temática passava muito mal (sudorese, sensação de desmaio e queda de pressão). Às vezes, precisava até sair da sala de projeção. Por tudo isso, usava álcool em excesso, com a justificativa de que era para relaxar. Não se reconhecia como alcoólico. Nessa época, recebeu o diagnóstico de síndrome do pânico em fase inicial.

José procurou auxílio da psicoterapia, o que o ajudou a abortar um quadro mais grave de pânico que possivelmente aconteceria caso não compreendesse os aspectos emocionais e comportamentais que agravavam seus sintomas.

Na psicoterapia se desvelou uma infância carregada de ansiedade e temor familiar. Antes de nascer, sua mãe enfrentara vários abortos e a perda de um filho. Criou-se, assim, um clima de sobressaltos e temores de doenças, de brincar na rua e ser atropelado ou sequestrado. A superproteção cerceou sua infância e adolescência. Foi educado basicamente pela mãe e a bisavó. Sua avó havia falecido quando sua mãe era adolescente. Mais ausente, o pai nutria grandes expectativas em relação ao filho, transferindo para ele seus desejos não realizados.

Refletindo sobre todos esses acontecimentos, José pôde elaborar suas causas, além de perceber como agia no mundo e assim encontrou alívio para o seu sofrimento. Durante esse processo aprendeu a construir novas atitudes embasadas no seu projeto de vida.

Quando é impossível ser feliz

Cristina, casada, 30 anos, era uma profissional competente e bem-sucedida. Assim que nasceu seu filho, entrou em depressão pós-parto. Terminada a licença-maternidade, sofreu muito ao ter de conciliar os papéis de mãe e profissional. Preferia ficar cuidando do bebê em vez de trabalhar tantas horas.

As obrigações de mãe começaram a invadir seu expediente no escritório. Passou a faltar muito e a deixar de cumprir suas tarefas profissionais. Acabou perdendo o emprego e peregrinou por vários outros, nomeados por ela de subempregos.

Extremamente exigente consigo, Cristina pretendia ser excelente profissional, ótima esposa, mãe exemplar e filha devotada. Como consequência, foi se sobrecarregando de tarefas e disponibilidade afetiva para os outros. Resultado: sentia-se exausta, carente, desejosa do reconhecimento do marido e da atenção do único filho.

Cristina temia perder o afeto dos familiares tornando-se onipresente na vida deles, o que gerava dependência e insegurança. Sofria por estar sempre aquém do que gostaria e pelo não reconhecimento, por não sentir-se amada. E, para piorar, ainda se sentia culpada por ter esses sentimentos.

Na desconstrução dessa atitude sofrente, Cristina percebeu, entre outras coisas, a relação conflituosa estabelecida desde a infância com a mãe e o impacto da perda de seu pai (vínculo afetivo positivo) na adolescência, gerando um caos econômico e familiar. As vivências da infância somadas às fragilidades de uma adolescente contribuíram para que ela viesse a ter uma relação sofrente com o mundo e a experimentar o prazer naqueles momentos de tortura mental e de total desamparo.

Um déficit não diagnosticado

Apesar de muito inteligente, Fermando teve dificuldades na escrita e na aprendizagem durante a infância por ser disléxico. Apresentava desatenção em sala de aula, notas baixas, repetência e carregou o rótulo de ser indisciplinado. Na adolescência, como se não bastassem os problemas escolares, ainda estava com sobrepeso, o que reforçava sua não aceitação.

Com o apoio e o esforço dos pais, conseguiu sofridamente se formar em administração de empresas. Mas já havia internalizado um sentimento de menos-valia, de ser pouco inteligente. Aos 34 anos, solteiro, era um indivíduo desadaptado ao seu meio e com baixa autoestima. Para compensar, como mecanismo de defesa, adotou uma postura prepotente na vida: de dizer e agir (mesmo sentindo o contrário) como se fosse o melhor, o mais legal, o mais bonito, o que sabe tudo, o mais destemido de todos. Queria sempre ter a namorada mais bela e nunca achava a atual boa o bastante justamente por estar com alguém como ele.

Essa postura muito competitiva acabava gerando mais conflitos nos seus relacionamentos, sociais e afetivos, e por isso mesmo o fazia sofrer. Para complicar teve uma coletânea de relações afetivo-sexuais sem conseguir realizar um dos seus projetos que era o de constituir uma família. Seus relacionamentos não iam adiante.

Fernando chegou à terapia deprimido, trabalhando sob forte estresse e pressão. Não conseguia valorizar suas qualidades: ser brincalhão, perspicaz, alegre e muito afetivo com as pessoas. A reflexão sobre seu núcleo familiar revelou que seus pais não conseguiram perceber seus distúrbios na infância (por falta do conhecimento) e, consequentemente, não aceitaram a limitação do filho, o que favoreceu a construção da atitude de sofrente. A percepção de seu vício – negar a menos-valia e, em um orgulho prepotente, inviabilizar relações afetivas gratificantes – permitiu a ele desconstruir essa personagem e iniciar uma nova jornada existencial.

A eterna vítima

A queixa principal da dona de casa Marilda, 55 anos, era sofrer com suas fobias: não andava de elevador, não saía sozinha de casa, não viajava de avião, tinha pavor de ficar no meio da multidão. Casada e com filhos adultos, afirmava não gostar de sexo e usava a velha desculpa da "dor de cabeça" para manter o marido à distância. Nas suas relações, vivia se colocando no lugar de vítima e sofredora e convidava os outros a entrar nesse jogo.

Por meio da atitude fóbica mobilizava toda a família e conseguia ter sempre alguém por perto acompanhando seus afazeres. Apesar de receber atenção e companhia, mesmo quando a disponibilidade dos familiares era limitada, dizia nunca sentir-se amada e satisfeita. Queixava-se de forma recorrente da solidão, da vida difícil, dizendo que gostaria de sair sozinha e arrumar um emprego.

Durante o processo psicoterápico, Marilda conseguiu se libertar dos sentimentos de culpa e hostilidade oriundos de uma familia disfuncional (sua mãe era muito agressiva, em função, sobretudo, de um quadro psiquiátrico; e seu pai vivia com a esposa, mas tinha outra família paralela). Depois de entender toda a dinâmica familiar, ela conseguiu elaborar o seu sofrimento e, desse modo, começou a sair da condição de sofrer em que estava aprisionada.

Dependências que se somam

Ricardo era médico, possuía grande beleza física e renome profissional. Apesar disso, sempre nutriu um sentimento de menos-valia. Quando atingia um objetivo, não conseguia usufruir da conquista, criando novos desafios cada vez mais complexos e difíceis. Relatava que os desafios o deixavam muito mais excitado que as vitórias. Esse processo gerava constantemente insatisfações e tédio. Teve problemas cardíacos, crises de depressão, mas conseguia contornar essas fases automedicando-se e criando outros desafios.

Quando tinha 30 anos, descobriu o jogo. "*Aí, sim, minha adrenalina ia a mil!*", contou. Seu objetivo passou a ser vencer o invencível: a máquina. Quando ganhava, jogava mais. Quando perdia, jogava para recuperar o prejuízo. Procurou ajuda psicoterápica quando se encontrava depressivo, com o casamento desfeito e grandes dívidas. Apesar dos prejuízos econômicos e dos conflitos emocionais, continuava jogando, embora agora começasse a ter mais consciência do mecanismo de seu sofrimento.

Novamente o vício camuflado

Exausto e incapaz de otimizar seu trabalho, a ponto de precisar passar uma parte da noite trabalhando: esta foi a queixa trazida por Fausto, um rapaz de 28 anos, muito criativo e sensível. Mas ele se descrevia como uma pessoa desconfiada, competitiva e que pensava exaustivamente sobre todos os seus atos. Apresentava TOC (transtorno obsessivo-compulsivo), que se manifestava por meio de sintomas como diálogos internos torturantes nos quais fantasiava que alguém criticava a sua competência profissional. E interpretava o que os outros falavam segundo a sua desconfiança, sem ouvir de fato o que estava sendo dito. Os sintomas persistiam mesmo usando a medicação prescrita.

Esses diálogos solitários não só prejudicavam suas relações sociais – que eram sempre ásperas e duras – como também traziam enorme sofrimento. Sua rispidez e a inabilidade de se expressar atrapalhavam suas relações afetivas. Estabelecia vínculos com características sadomasoquistas. Não tinha amigos, nem namorava.

Após o reconhecimento de ser um viciado em sofrer, o mais difícil para Fausto, ao desconstruir sua atitude sofrente, foi vencer a desconfiança perante o mundo e as pessoas. Isso o impedia de registrar as situações novas e gratificantes. Depois de trabalhar essa questão, conseguiu dar um salto qualitativo na profissão e iniciar um relacionamento estável e de boa qualidade.

Um sintoma transformado em doença

João, advogado de recente sucesso e ascensão social, bonito e vivendo uma boa vida de solteiro, teve uma crise nervosa após uma séria briga com seu pai. Essa relação pai-filho sempre fora marcada por admiração e respeito por parte do filho, que não media esforços para ajudar o pai. Via no pai seu herói e o modelo de homem a ser seguido. Nutria o desejo de ser reconhecido e amado. O pai retroalimentava essa dependência solicitando sempre a ajuda desse filho em todas as fases do seu crescimento, sem, no entanto, expressar a importância do filho e seu afeto por ele. A terapia acabou revelando um vínculo perverso por parte do pai. Filho único de uma estrutura familiar disfuncional, ele recebera uma carga emocional marcada por grandes expectativas.

O rompimento do vínculo com o pai culminou em uma crise emocional. Desesperado, João resolveu se casar rapidamente para escapar do pátrio poder e tentar construir uma família diferente. Situações novas – casamento, crise de desamparo, oscilações de ansiedade e depressão – levaram o rapaz a ingerir álcool em excesso e a tomar tranquilizantes para aliviar esse sofrimento psíquico.

A esposa o levou a um psiquiatra que diagnosticou PMD (psicose maníaco-depressiva, atualmente denominada transtorno do humor bipolar), e João começou a tomar lítio. Nesta época teve início seu verdadeiro calvário, que durou em torno de quinze anos. Passou por dezenas de psiquiatras que reforçaram o seu comportamento, acrescentando medicações, já que não sentia melhora. Nesse percurso, desenvolveu a dependência de remédios e do sofrimento. Em nenhum momento teve indicação de psicoterapia, que o ajudaria a compreender e elaborar seus conflitos e seu vício.

Posteriormente, já em psicoterapia, ele compreendeu que o rompimento com o pai provocou uma desorganização psíquica e perda de sua identidade. A angústia resultante foi insuportável, mas, no caso, foi amortizada por uma nova identidade ratificada pela medicina: *"tenho PMD"* = *"sou PMD!"*. Essa ilusão o tornou dependente de medicações poderosas, que traziam alívio bioquímico, porém, como efeito colateral, deixavam seu cérebro amarrado e tolhido de uma vivacidade que antes existia.

Por alguns anos, João conviveu não com os sintomas de uma suposta doença, mas sim com os efeitos colaterais das medicações utilizadas. Chegou a tomar sete remédios diferentes por dia. Ganhou muito peso, divorciou-se, distanciou-se dos amigos e perdeu seu *status* profissional. Não tinha motivos para ser feliz. Pensava apenas em sobreviver.

Por meio da psicoterapia, ele conseguiu elaborar a separação do pai, compreendendo que não era um vínculo saudável. Na reconstrução de sua identidade, buscou novas relações afetivas e sociais, fez profundas reflexões sobre sua profissão e sua vida e, consequentemente, começou a retomar a sua potência na vida. Seu médico atual, em parceria com a psicoterapia, gradativamente está reduzindo suas medicações, pois João deseja voltar a viver sem estar impregnado por remédios e pelo vício de sofrer.

Um compartilhar

Outro exemplo de como a relação com um pai extremamente exigente e castrador pode favorecer o vício do sofrimento aparece no relato deste paciente, um profissional liberal de 42 anos, casado, que chamaremos de Pedro. Ao longo do processo terapêutico, ele conseguiu romper essas amarras. Veja seu relato:

"Durante muito tempo, tive um pai torturador dentro de mim. Formatei este pai ainda criança, para cuidar de mim. Não sabia viver de outra forma. Felizmente, nos últimos anos tudo mudou.

Sem ele finalmente aprendi a viver. Com tranquilidade, alegria, prazer, leveza, humor.

Sem ele, construí uma vida equilibrada, gostosa, com qualidade.

Sem ele, aprendi a desfrutar o momento, a comer devagar, a dormir melhor.

Sem ele, fiz o tempo render, andar mais devagar, consegui enxergar a beleza ao meu redor.

Sem ele, fiquei melhor também no trabalho: mais focado, produtivo, criativo e seguro.

Sem ele, consegui cuidar da minha saúde, do meu corpo, da minha aparência.

Sem ele, cuidei de minha casa, minhas finanças, meu futuro, planejei uma família.

Sem ele, tornei-me mais agradável e querido pela minha família e pelas pessoas que me cercam.

Apesar de tudo isso, infelizmente, ele ainda persiste. Bem mais fraco e menos atuante, é verdade, mas continua causando estrago e sofrimento.

Para fazê-lo silenciar de vez, decidi utilizar o pior tratamento que existe: o desprezo. Nada do que ele disser hoje me fará esquecer que sou um homem bem-sucedido em todas as áreas.

Não tenho nenhum problema sério e nada me ameaça no horizonte.

Hoje, se ele quiser me fazer remoer o passado ou ficar ansioso com o futuro, vai ficar falando sozinho. Não estou mais disposto a sofrer à toa, como antes.

Ele tem de entender que hoje em dia meu pai sou eu. Um pai calmo e compreensivo que cuida de mim com carinho, atenção, doçura, prazer, humor e muito, muito amor. Seu método é o oposto do pai antigo, mas está provado que é infinitamente mais eficaz em todos os sentidos.

Nada do que ele disser encontrará receptividade ou eco dentro de mim. Hoje, não vou dar bola para ele. Vou desprezá-lo. Quem sabe assim ele percebe que não combina mais comigo, que está sobrando por aqui e já não é mais necessário em minha vida."

Manifestações principais

De modo geral, o sofrimento como vício apresenta as seguintes características:
1. Sofrimento silencioso sem percepção desse lamento, sem fazer ideia do sentido de suas perturbações.
2. Padecimento psicológico com angústia, ansiedade e depressão.
3. Estado interior de permanente consciência reflexiva.
4. Dores, traumas passados e presentes, próprios ou alheios são integrados de modo que qualquer informação com esse colorido se torna nuclear, como um complexo.
5. Presença de diálogos internos torturantes.
6. Ideias de culpa, fracasso, autoacusação e autopunição.
7. Diminuição da autoestima e da qualidade de vida.
8. Sentimento de vazio, solidão e carência.
9. Empobrecimento na expressão da criatividade, espontaneidade e dos papéis sociais.
10. Papel social cristalizado de sofredor. A pessoa vira escrava do sofrimento.

É importante ressaltar que, frequentemente, o vício do sofrimento está misturado nos transtornos da personalidade. A construção dessa maneira de viver perpassa o desenvolvimento do indivíduo desde a sua infância até a fase adulta.

As situações conflitivas, externas ou internas, com as quais nos deparamos ao longo da vida mobilizam em nós mecanismos defensivos perante a dor. Isso faz parte do processo natural de sobrevivência. Mas, em função das adversidades enfrentadas, algumas pessoas às vezes sofrem mais do que outras e aos poucos desenvolvem uma identidade colada no sofrimento. Elas pensam, sentem e integram as suas dores, não importa se são traumas do passado ou do presente, como uma postura existencial. Também podem colar no sofrimento alheio, pegando para si a dor do outro como se fosse sua própria e assim alimentar seu personagem sofrente.

Sabemos que a experiência do ser sofrente é de insuperável solidão, profundamente ímpar e intransferível. No entanto, a consciência desse fato poderá dar ao indivíduo a condição de desmontar essa imagem de si para, consequentemente, redefinir a sua individualidade.

Gostaríamos de convidá-lo a refletir sobre o processo de construção dessa identidade sofrente, no capítulo seguinte.

Capítulo 4

A trajetória do sofredor

*Aprendi com as primaveras a me
deixar cortar para poder voltar inteira.*
Cecília Meirelles, poetisa (1901-1964)

Para entender a construção da identidade colada no sofrimento, antes é necessário saber como ocorre o desenvolvimento biopsicoafetivo e social da criança e do adolescente, pois estes são períodos importantes na formação do ser humano. Uma vez conhecido esse processo, fica mais fácil perceber o que transcorre de modo diferente no adulto que apresenta o vício de sofrer.

Antes mesmo de a criança nascer, já existe uma rede social pronta para recebê-la. Essa rede é formada pelo casal, pelos familiares de ambos, pelos amigos e vizinhos. O casal se alegra com a gravidez, arruma o quarto do bebê; os avós espalham a notícia, compram presentes. Todos se preparam para a vinda do novo membro da família. Esse ambiente de felicidade, fruto do investimento amoroso dos constituintes da rede social, garantem ao bebê um clima receptivo, fundamental para que venha a sentir-se aceito e amado.

Convém lembrar que essas relações também contêm as projeções, as expectativas e os desejos inconscientes dos pais e avós, como também as características de sua cultura. Todas essas impressões serão transmitidas à criança e farão parte do seu arcabouço de normas e hábitos de convivência. Portanto, ao vir ao mundo, o bebê já está imerso nessa rede social, fruto do projeto dos pais, que têm como horizonte a cultura que os transcende.

As primeiras interações do bebê

Com o nascimento, os pais passam a contrapor suas expectativas com a figura real da criança. Começa aí a interação do bebê com a mãe por meio de choro, sorriso, tipo de sono, fome e grau de inquietude e a consequente mobilização de uma resposta materna, que servirá de primeiro modelo relacional para o recém-nascido. Em virtude de sua imaturidade biopsíquica, não existe crítica, apenas absorção e introjeção de modelos.

Por sua vez, o bebê também responde aos vários estímulos. Essa resposta é definida pela constituição individual do novo ser, condicionada por suas forças genéticas (endógenas, espontâneas e criativas) e pelas forças externas (ambientais e socioculturais). Esses padrões relacionais e suas respostas a eles são assimilados como naturais e marcam profundamente a vida da criança.

Aos poucos, o novo Ser percebe que nem todos os seus desejos podem ser satisfeitos. Dependendo de como for atendido pela mãe, o bebê pode ser exposto à frustração, que é necessária para, mais tarde, ter a capacidade de adiar o seu desejo. Assim, podemos dizer que a resposta materna confere resistência aos desejos infantis ao proporcionar ao bebê o contato com a realidade e ajudá-lo a discriminar aquilo que é o seu "Eu" (bebê) e o não "Eu" (o outro: pessoas, objetos, mundo). Só é possível estabelecer essa distinção por meio de uma relação.

É importante ressaltar que todo esse aprendizado do mundo novo é feito de forma verbal e, em grande medida, de forma não verbal. As crianças percebem e introjetam atitudes de seus pais e dos adultos que as rodeiam. O clima afetivo, os cuidados físicos, a comunicação e as relações interpessoais, registradas como impressões subjetivas e objetivas, ao longo do tempo colaboram para totalizar o seu "Eu global", constituído por multíplos "Eus parciais". Veja o esquema a seguir:

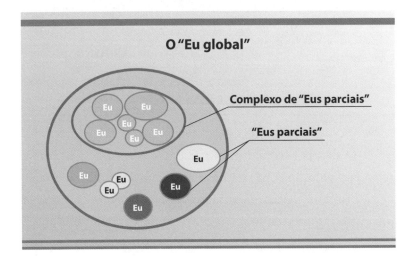

A princípio, esse "Eu" se constitui do corpo no seu aspecto físico. A primeira percepção da criança é a de que ela é um corpo e suas sensações registram-se ali. O corpo é um recinto de prazer, desejos, medos, dores, ressentimentos e preocupações.

Esse modelo relacional alicerça a autoconfiança básica da criança e determina como ela se relacionará consigo e com os outros no futuro. Denominamos essa fase do desenvolvimento **primeira matriz da subjetividade,** representada na figura abaixo.

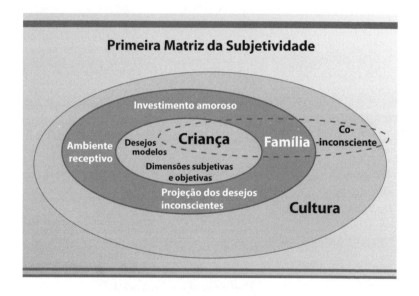

O desenvolvimento biopsicoafetivo prossegue durante toda a vida, mas há um momento em que é possível reviver a primeira matriz da subjetividade. Isso acontece com o advento da puberdade, quando o adolescente amplia o seu contexto familiar para o social. Passa a ter novas experiências que permitem ao mesmo tempo rever seus modelos de relações e considerar a possibilidade de experimentar novos padrões, tudo isso feito de maneira natural. Essa época se caracteriza por mudanças marcantes no corpo, na socialização e na cognição (com o surgimento do pensamento lógico-dedutivo).

As transformações da puberdade

As mudanças corporais da puberdade mobilizam novas vivências emocionais e subjetivas consigo e com o mundo exterior. A produção de hormônios sexuais altera o corpo, logo, o "Eu corporal", que também é a sede da sexualidade e está em transformação. Entre outras coisas, esse processo físico induz à modificação da imagem corporal do adolescente.

O interessante é que essa autoimagem depende não só do corpo real, mas também do que percebemos desse corpo e do que as pessoas falam a respeito dele. Trata-se, portanto, de uma imagem subjetiva e, às vezes, passível de distorção. É o que ocorre na anorexia nervosa, um exemplo extremo de percepção alterada do corpo: a jovem rejeita alimentos por se achar gorda, quando seu peso está muito abaixo do que seria considerado saudável para a sua altura.

Exageros à parte, essa imagem corporal, que é subjetiva, com frequência difere da percepção do corpo real. Isso porque a imagem que formamos de nós mesmos depende da experiência afetiva vivida na relação com o outro e remete à totalidade da organização psicológica do indivíduo.

Sendo assim, o "Eu corporal", palco de nossas vivências sensoperceptivas resultantes de experiências corporais com o mundo interior e exterior, fornece a base para o Ego. Se for bem construído/constituído, isto é, se a forma com que esse indivíduo se desenvolveu proporcionou equilíbrio entre o interno e o externo, o resultado é a boa autoestima, que pode ser entendida como uma relação amorosa consigo e com o mundo. Portanto, ele aguenta ouvir críticas, observações e comentários, mesmo que sejam pesados. Quando esse equilíbrio não acontece, muitas vezes pode ser expresso pela intolerância no corpo, sob a forma de sintomas e doenças. Por exemplo, diarréia, falta de ar e dor de cabeça não raramente têm causa psicossomática.

Por meio dessas relações, o púbere adquire uma imagem de si, de seu novo corpo e do mundo que o cerca. É também nesse período que a sexualidade vem à tona nas suas três dimensões: biológica (processos fisiológicos cerebrais e hormonais), psicológica (desejos eróticos e relações afetivas) e cultural (padrões de comportamento da sociedade e seus grupos).

A socialização dessa fase favorece a participação em núcleos, tribos e turmas diferentes, nos quais é permitido conhecer pessoas com experiências variadas. Enquanto as crianças "apreendem" o mundo da ótica de sua família, os adolescentes passam a conviver com tipos diversos de famílias na escola, no clube, nas atividades complementares etc.

Esse convívio traz novas possibilidades de crescimento. Surge, então, muitas vezes a chance de superar carências, perdas e insatisfações, de buscar outros modelos, de encontrar caminhos diferentes, construindo novas configurações de "Eus parciais" resultantes dessa interação com o mundo. Assim, o adolescente pode questionar e talvez transformar alguns de seus valores, vindo a integrar novos modelos e se diferenciando dos da família de origem. Comumente, essa discriminação se faz pela oposição: se o pai gosta de churrasco, o adolescente decide virar vegetariano; se a família é muito rígida, resolve fazer uma tatuagem!

As novas relações proporcionam ao jovem uma identidade psicossocial que o legitima. Com isso, ele adquire a sensação de pertencer a um grupo que lhe confere um reconhecimento, agora diferente do núcleo familiar. Essa identidade é fonte básica de amor próprio, de reconhecimento social e de prestígio. Ela se compõe de múltiplas identidades parciais: nacionalidade, raça, religião, gênero, entre tantas outras como a turma da faculdade, a torcida do time de futebol etc.

Durante a puberdade acontecem, ainda, transformações na qualidade do pensamento. Desenvolvem-se a abstração e o raciocínio lógico. Esta também é uma fase de questionamentos, descobertas e introspecção, portanto, de crises. O adolescente conquista a capacidade de comparar o próprio pensamento com o dos demais; refutar e criar hipóteses; formar um sistema de ideias e um código de ética. Possuir um pensamento hipotético-dedutivo é um dos requisitos para entrar no mundo adulto no que tange ao funcionamento mental e cognitivo. O desenvolvimento pleno desse potencial intelectual resulta de fatores genéticos, ambientais e afetivos.

A figura a seguir ilustra esse período da puberdade denominado **segunda matriz da subjetividade**.

O desenvolvimento da segunda matriz da subjetividade também envolve as linguagens verbal e não verbal, que constituem os principais instrumentos de comunicação dos seres humanos. Em síntese: palavras, gestos e ações. Daí a importância da coerência da comunicação dos pais para a formação de uma pessoa saudável. Quando aquilo que é dito está em concordância com a atitude corporal, existe maior possibilidade de se estabelecer um vínculo saudável. Do contrário, a falta de sintonia entre palavras e ações origina uma comunicação patológica, fonte de equívocos e conflitos nas relações. Isso interfere na construção da autoestima e na afetividade da criança/adolescente, criando terreno propício ao aparecimento de distúrbios psicológicos no futuro.

O exemplo de Cássia é sugestivo de dificuldades que podem se manifestar nesse período em que se forma a segunda matriz da subjetividade. Com grande sofrimento, ela chegou à psicoterapia aos 16 anos com a queixa de fobia social. Também apresentava hiperhidrose (suor excessivo), por isso cobria todo o seu corpo e tinha vergonha de frequentar festas. Não saía de casa, não tinha amigos. Ficava no quarto chorando. Seu sofrimento se caracterizava por ficar isolada e não se relacionar.

Usava seu humor ferino na construção da atitude sofrente. Criticava os colegas adolescentes dizendo que eram chatos e superficiais. Não poupava sequer possíveis namorados. Fazia da comida sua válvula de escape, o que a levou a ganhar peso. Sabia que estava errada, mas não conseguia mudar de postura. Então pediu à mãe para fazer terapia e foi prontamente atendida.

Ao iniciar o processo, Cássia também relatou dificuldade de se relacionar com o pai, alto executivo descrito por ela como agressivo e inadequado. Quanto à mãe, dizia ser amiga e companheira e que sentia muita segurança ao seu lado. As duas faziam as coisas sempre juntas, o que sugere a existência de uma relação simbiótica.

Na configuração familiar, a mãe tinha um vínculo de submissão ao pai, mas intermediava a relação dele com os filhos. Da ótica de Cássia, a mãe assumia o papel de vítima, inclusive como tentativa de estabelecer aliança com os filhos. Sensível a essa dinâmica familiar, a adolescente incorporou o papel de companheira inseparável da mãe. Essa ligação não a impedia de almejar uma condição diferente ao se tornar adulta. Queria ter uma profissão e ser independente, jamais submissa ao marido.

Podemos dizer que o processo psicoterápico de Cássia teve caráter preventivo. Ela atravessava um momento propício, a segunda matriz da subjetividade, o que facilitou a percepção e aceitação desse funcionamento, bem como a desconstrução do pensamento repetitivo de menos-valia e baixa estima que a impedia de formar novos vínculos. A partir daí, iniciou relações afetivas mais positivas.

Cássia tratou seu problema de sudorese, fez novos amigos, emagreceu, viajou com a turma, teve alguns "ficantes" e começou a desenvolver a sua feminilidade. Também se aproximou do pai, restabelecendo o vínculo com ele. E propôs uma nova ligação com a mãe, sem a mistura afetivo/emocional anterior. Assim que entrou na faculdade, recebeu alta da terapia.

Obstáculos e desvios

No desenvolvimento psicossocial da pessoa viciada em sofrimento, existem tanto na primeira quanto na segunda matriz da subjetividade fatores que impedem o acolhimento e a expressão de amor tão necessários para a base emocional da criança. Em geral, nesses períodos, as famílias se encontravam disfuncionais, o que interferiu negativamente no investimento amoroso e receptivo por parte dos pais. Essa conjuntura fez com que o viciado em sofrimento internalizasse e construísse "Eus parciais" de desamor para consigo, de submissão, de desejante e de temeroso. Esses "Eus parciais" aglutinam-se em um complexo que norteia a relação consigo e com o mundo, cristalizando uma atitude repetitiva. (Veja a ilustração da página 65)

Eis alguns exemplos de ocorrências disfuncionais, progressivas ou repentinas, que podem marcar significativamente uma pessoa: a pouca disponibilidade dos pais em função da doença de outro membro da família; um pai muito rígido e cheio de expectativas na educação de um filho; uma mãe com depressão pós-parto; pais ausentes ou em momento de separação; a morte de um dos dois na adolescência. Quem sofre uma ruptura de seus referenciais nessas etapas pode manifestar formas agudas de angústia.

A sexualidade, por exemplo, desenvolve-se como parte natural do crescimento no período da segunda matriz da subjetividade. No entanto, jogos de manipulação, experiências sexuais desagradáveis ou um estupro na infância podem potencializar-se nesse período, levando o jovem a reforçar sua baixa autoestima e a ter sentimentos de medo, culpa e hostilidade. Casos de abuso infantil muitas vezes só são percebidos ou detectados pelos pais na adolescência, quando o jovem consegue apropriar-se desse sofrimento e só assim compartilhá-lo com alguém, com frequência durante um processo de psicoterapia.

A sexualidade, então, pode ser também vivida e usada como um fio condutor para o sofrimento. Não raramente vem associada aos transtornos de identidade de gênero ou à inibição do processo sexual (ejaculação precoce, anorgasmia etc.).

Assim, os viciados em sofrimento enfrentaram conflitos familiares que lhes negaram o acolhimento, a confirmação e a aceitação essenciais para o desenvolvimento psicoafetivo. Crianças introjetam o mundo através do olhar dos pais, de suas verdades e inverdades tidas como absolutas. O modo como pai e mãe lidam com o sofrimento lhes serve de modelo de relacionamento consigo e com o mundo. Nos viciados em sofrimento, contudo, essas relações ficam marcadas por desamor próprio e um desejo incessante de ser amado e aceito incondicionalmente pelo outro.

Seu modelo relacional apoia-se na dualidade: se, de um lado, há um Ser desejoso de amor, do outro, existe um ser que não se permite receber esse amor. Ele vive aprisionado pela ambiguidade de um "Eu" que deseja ser amado, ter liberdade e viver novas experiências, porém impedido pelo outro "Eu", que teme ser responsável por seu amor.

Com o passar do tempo, essa divisão acaba gerando pensamentos repetitivos que alimentam diálogos internos torturantes, e estes, por sua vez, reforçam os sentimentos de autopiedade, desamparo, autovitimização e autodepreciação.

A comunicação do viciado em sofrimento apresenta distorções nas relações interpessoais. Constantemente, ele interpreta o que o outro diz como se a cena fosse legendada. O diálogo que estabelece não é com o outro e sim com o seu "Eu interno" (personagem projetado). Configura-se, dessa forma, um monólogo em vez de um diálogo.

Todo esse processo implica aumento de ansiedade que bloqueia o aprendizado, aqui entendido como crescimento integral, sendo substituído pelo acúmulo de conhecimento dissociado da experiência. Pessoas viciadas em sofrimento não valorizam as experiências boas, apenas as ruins. No lugar de ver que o "copo está meio cheio" só enxergam o "copo meio vazio". Essas distorções atingem os vínculos afetivos e sociais. Em consequência, há um bloqueio da espontaneidade e da criatividade, tornando-os pouco flexíveis, fechados e desconfiados.

São também pessoas hipersensíveis. Mas sua afetividade está comprometida. A tristeza e a sensação de menos-valia embotam seus afetos, não deixando espaço para viverem as etapas de um enamoramento, por exemplo.

Para explicar melhor, a afetividade humana constitui-se de alguns pilares e é na adolescência que eles vão sendo desenvolvidos até chegar à capacidade plena de amar do adulto:

- humor, que é o estado emocional basal;
- sentimentos, que são estados e configurações afetivas estáveis associados a conteúdos intelectuais;

- emoções, que são reações afetivas agudas desencadeadas por estímulos;
- paixões, que denotam um estado afetivo intenso;
- afetos, que dizem respeito ao colorido emocional.

Se aplicarmos os pilares citados à afetividade do viciado em sofrimento, encontraremos um quadro que pode ser resumido pela figura mostrada a seguir:

Sentimentos conflituosos sobre a sua relação com os outros colocam o viciado em sofrimento na situação de total dependência para obter um sentido de valor pessoal. Sentem-se impotentes, insignificantes e qualquer manifestação de atenção aumenta sua autoestima, ainda que temporariamente. No minuto seguinte, porém, a extrema dependência pode despertar desconfiança e sensação de persecutoriedade. *"Você não gosta de mim"*, conclui o viciado em sofrimento. *"Olha a sua cara!"*.

Um exemplo dessa desconfiança pode ser percebido na situação corriqueira contada por uma cliente. Enquanto tomavam café, sua filha de seis anos tirou o miolo do pão e ofereceu-lhe o pão sem nada. A mãe apanhou o pão vazio e o devolveu à criança dizendo que, ao presentear alguém, esse presente deveria estar inteiro. *"Porque eu mereço"*, pensou. E interpretou o fato de receber um pão sem miolo como prova de não ser amada. É de supor que a criança não fez isso por desamor, muito pelo contrário. Mas o viciado em sofrimento sente-se vítima de tudo, de todos, da vida. Cria muitas vezes falsos desejos que já nascem fadados a não serem satisfeitos, contribuindo para perpetuar seu cárcere interno.

Outra faceta dessa dinâmica do sofredor é procurar auxílio de pessoa indisponível ou sem condições de ajudar. No seu estilo de solicitar apoio, já antecipa a recusa de tal forma que a profecia se cumpre. Acumulam-se mais evidências da crença na malfeitoria do cuidador potencial e do seu próprio azar. O resultado é um ciclo vicioso de sofrimento.

Por exemplo, se ficou privado do amor materno porque sua mãe teve depressão pós-parto – quer dizer, ela não lhe negou amor de propósito, mas estava impossibilitada pelas circunstâncias –, o viciado em sofrimento procura suprir essa carência repetidamente, porém suas iniciativas apenas confirmam a crença de que o cuidador é também o malfeitor. Aqui, novamente, reforçamos a dualidade existente de um "Eu" que deseja ser amado e de outro "Eu" que repete a vivência primeira de desamor.

Desse modo, a impossibilidade de se relacionar plenamente mantém uma angústia que atualiza essa vivência pregressa – o registro de não ter sido amado. Então, sua liberdade, de experiências e de consciência, é cerceada. A sensação de vazio é tão grande e constante que se expressa no sofrimento, como se este fosse seu companheiro de jornada.

Ciclo vicioso de pensamentos e atitudes

Um exemplo prático pode ajudar a perceber como o viciado em sofrimento entra em um ciclo de pensamentos e atitudes que reforçam sua sensação de desamparo e menos-valia.

Exemplificamos esse ciclo com uma situação vivida por Roberto, um personagem sofrente. Gerente de multinacional que intencionava ser promovido a diretor, ele encontrava dificuldades para conquistar cargos hierárquicos superiores:

1. Ao fazer uma palestra, Roberto não conseguiu responder a uma pergunta da plateia, apesar de ter respondido várias outras. **(Constatação de um problema ou falta)**

2. Pensou: "*Eu errei. Eles vão perceber que sou uma farsa!*". **(Pensamento inconsciente automático)**
3. Sentiu, em seguida, vergonha, constrangimento e impotência. **(Sentimento de incapacidade)**
4. Esses sentimentos se transformam em angústia. **(Emoção negativa)**
5. Roberto fica "branco" e tem o desejo de "sumir". **(Paralisação)**
6. Com uma postura de superioridade e a justificativa de compromissos, sai correndo da palestra. Não fica para cumprimentos, possíveis elogios e *networks*. **(Atitude de evitação em relação ao mundo e aos relacionamentos)**
7. Roberto pensa: "*Não me preparei o suficiente... eu errei... sou um blefe... minha profissão vai ruir...*". **(Estabelece um diálogo torturante, muitas vezes obsessivo)**
8. Compraz-se com o sofrimento – nas tonalidades de pena de si mesmo e de solidão – e na dor estabelece um diálogo interno, sem fim, marcado por angústia e pensamentos repetitivos:
   – Um lado seu diz (A): "*Eu poderia responder..., ou mais..., ou ainda...*".
   – O outro lado contrapõe (B): "*Mas não respondeu... Não se preparou direito...*".
   – Lado A: "*Não é verdade, veja meu PowerPoint®*".
   – Lado B: "*Você achava que já sabia, que seria muito tranquilo fazer esta palestra. Viu no que deu?*".
   – Lado A: "*É verdade... Você tem razão... Eu sou o culpado...*".

– Lado B: "*Agora não adianta chorar, reclamar. Deveria ter me ouvido...*".
– Lado A: "*Tem razão, não devo ficar lamentando... Sou culpado*".
– Lado B: "*Agora você acabou mesmo*".
9. Exausto, estressado, muito angustiado, Roberto adormece só às 3h. **(O diálogo torturante preenche o vazio/abandono e, apesar do sofrimento, sente-se conectado consigo)**
10. Acorda tarde, chega atrasado ao trabalho e interpreta o contexto de modo autorreferente. Se os outros riem ou fazem uma crítica, Roberto entende que é sempre com ele. **(Retroalimenta situações de problema)**
11. Se os amigos do trabalho o recebem dizendo: "*Veja como o outro chega todo bonito!*". Roberto pensa: "*Estão dizendo que sou irresponsável por ter chegado tarde!*". Então, responde de forma agressiva: "*Por que você não vai cuidar da sua vida?*". **(Coloca legenda na fala do outro, em vez de ouvir o que diz. Fica no monólogo)**

Dessa forma, começam os conflitos de relacionamento. À medida que essas situações vão se repetindo, as pessoas mais próximas, que mantêm vínculos afetivos com o sofredor, vão se afastando e assim, sem interlocução, perpetua-se o ciclo de sofrimento.

Mas as pessoas mais próximas ou os amigos podem também mostrar que há algo de errado acontecendo e sugerir que ele observe sua maneira de agir ou procure algum tipo de ajuda. No entanto, conselhos, orientação e terapia normalmente são rejeitados inicialmente. Ou seja, existe um momento em que mudanças, terapia e crescimento pessoal são refutados inconscientemente pelos viciados em sofrimento. Por esse mesmo motivo, os cuidadores potenciais acabam desanimando. Daí o abandono por parte dos outros se realiza novamente. Os sofredores sentem-se rejeitados e justificados na sua desconfiança. Confirma-se, mais uma vez, que não são amados, não têm sorte.

Em síntese, podemos dizer que o viciado em sofrimento de hoje foi uma criança que se sentiu pouco amada, reprimiu seu desejo de ser cuidada e perpetuou sentimentos de vergonha, inferioridade e inadequação, estruturando uma forma sofrida de viver.

Obviamente, não é apenas um fator que define a formação de um viciado em sofrimento, mas sim uma série intricada de acontecimentos, predisposições e vicissitudes da vida de cada um. A dinâmica do viciado é um caleidoscópio. Não tem causa ou efeito linear. Nem todos os membros da mesma família disfuncional desenvolvem esse tipo de dependência.

Acrescentamos, ainda, que, normalmente, os viciados não são conscientes do seu vício, assim como não têm consciência da sua falta de empatia com os outros. Por isso, ajudá-los a perceber seu impacto interpessoal é fundamental.

Quando as pessoas se conscientizam de que esse vício governa suas vidas, começam a se questionar e suspeitar que existe um lago congelado de sentimentos percebidos como isolamento emocional. Daí, sim, elas podem admitir que precisam de ajuda para experimentar relações afetivas gratificantes.

Capítulo 5
E agora, o que fazer?

Nenhuma vida é tão difícil que não possa se tornar mais fácil pelo modo como for conduzida.

Ellen Glasgow, novelista norte-americana (1874-1945)

Agora que você teve uma ideia de como se manifesta o vício do sofrimento – e que ele pode estar camuflado em outras patologias psíquicas – talvez esteja lhe ocorrendo a seguinte questão: *"Será que eu tenho esse vício?"*. Ou, então: *"Será que determinada pessoa é viciada?"*. Ou, quem sabe: *"Será que os outros me veem assim?"*.

Este capítulo foi idealizado para ajudar você, leitor, a reconhecer o vício por meio de exemplos práticos e cotidianos. Obviamente, ele não substitui uma avaliação rigorosa feita por um profissional especializado. A proposta é estimular a reflexão sobre o quadro e a tomada de atitudes visando à mudança, quando necessária.

Vamos lá! As frases seguintes destinam-se a avaliar seu potencial de ser alguém colado nesse tipo de sofrimento. Selecione a opção adequada ao seu caso: **Concordo**, **Talvez** ou **Discordo**. Procure ser verdadeiro nas suas respostas. Não se boicote!

	Concordo	Talvez	Discordo
Meu destino é sofrer.	☐	☐	☐
Não tenho sorte na vida.	☐	☐	☐
Minha vida é boa, mas não me sinto feliz.	☐	☐	☐
Tudo eu transformo em sofrimento e sacrifício.	☐	☐	☐
Minha visão de mundo é negativa.	☐	☐	☐
Com frequência, tenho pena de mim.	☐	☐	☐
Tenho uma imagem negativa de mim.	☐	☐	☐
Sinto-me menos do que os outros e tenho baixa autoestima.	☐	☐	☐
Tenho pensamentos de insucesso e fracasso.	☐	☐	☐
Sinto-me impotente.	☐	☐	☐
Meus pensamentos me torturam.	☐	☐	☐
Coloco-me sempre na posição de vítima.	☐	☐	☐
Tenho necessidade de mostrar que sou melhor do que os outros, sempre.	☐	☐	☐
Tenho dificuldade de dizer não, temendo perder o afeto do outro.	☐	☐	☐
Procuro sempre razões para sofrer.	☐	☐	☐
Quando algo positivo acontece comigo, atribuo apenas à sorte.	☐	☐	☐

Sofro, mas não conto para ninguém.	☐	☐	☐
Tenho medo de amar, portanto não consigo entregar-me.	☐	☐	☐
Sou inflexível e muito crítico.	☐	☐	☐
Estou constantemente buscando aprovação e reconhecimento dos outros.	☐	☐	☐
Tenho sempre uma atitude de me envolver e de trazer para mim os problemas dos outros.	☐	☐	☐
Sou muito sensível às críticas e não consigo aceitar minhas limitações. Vivo na defensiva.	☐	☐	☐
Quando me acusam de algo, respondo com agressividade e me defendo de forma obsessiva.	☐	☐	☐
Sempre transformo críticas à minha pessoa em acusações.	☐	☐	☐
Minhas escolhas amorosas são sempre de pessoas que não me escolhem.	☐	☐	☐
Tenho interesse sexual e afetivo principalmente por quem não me quer.	☐	☐	☐
Quando não sou escolhido/a amorosamente, transformo esta escolha em desafio de conquista.	☐	☐	☐
Costumo me interessar por quem já está comprometido/a.	☐	☐	☐
No ato sexual, sempre temo não satisfazer o/a parceiro/a.	☐	☐	☐
Vivo sofrendo por amor.	☐	☐	☐
Total	——	——	——

Você concordou com a maioria das frases apresentadas? Se a resposta for afirmativa, faça então os próximos exercícios. Se as questões anteriores não se aplicam ao seu caso, mas você conhece alguém que tenha esse perfil, proponha o teste. Depois, estimule esse alguém a fazer também os exercícios sugeridos na sequência para refletir sobre como a dependência do sofrimento pode ter se instalado e como se manifesta na sua vida.

Exercícios de percepção

De acordo com algumas correntes da psicologia, os pensamentos são os responsáveis pela origem dos sentimentos e, consequentemente, de atitudes, comportamentos e reações perante a vida. Os exercícios de percepção sugeridos aqui pretendem sensibilizar o leitor a prestar atenção em quando e como os pensamentos invadem sua mente.

Dividimos os exercícios em cinco etapas a serem percorridas para uma reflexão mais aprofundada, aqui e agora, caso você tenha concordado com a maioria das frases relacionadas no primeiro quadro deste capítulo.

É importante esclarecer, no entanto, que, para a máxima eficácia desta abordagem, é preferível a presença ou o acompanhamento de um profissional da área de psicoterapia.

Etapa 1

1. Se ao ler as frases do exercício anterior você se identificou com uma atitude sofrente, pense agora em uma ou mais cenas ou situações que aconteceram na sua vida e que talvez o tenham levado a desenvolver essa atitude.
2. Ao identificar a cena, qual é o pensamento automático que surge a partir dela?
3. Agora, repita algumas vezes esse pensamento e observe o que sente. Qual é esse sentimento?
4. A partir desse sentimento, que reação/comportamento você costuma ter?

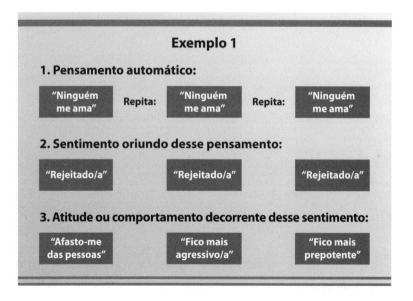

Etapa 2

Após observar o exemplo anterior, tente completar seu quadro. Anote nas colunas o pensamento que o aborrece, o sentimento que ele desperta e o tipo de comportamento que ele mobiliza em você:

Exercício de Percepção

1. Qual o seu pensamento após visualizar a cena desencadeante?

	Repita:		Repita:	

2. Qual o sentimento que surge com este pensamento?

3. Qual a sua atitude ou comportamento decorrente deste pensamento?

Etapa 3

O objetivo é deixar outro pensamento surgir em substituição ao pensamento automático. Para isso, você deve seguir estas instruções:

1. Tente mudar o pensamento automático e repita algumas vezes a nova formulação encontrada. O que você sente?
2. Agora, procure mudar o primeiro pensamento e deixe espontaneamente aparecer outro.
3. Repita "n" vezes esse pensamento e observe o que sente. Nomeie esse sentimento.
4. A partir desse sentimento, qual é a sua reação/comportamento?

A próxima ilustração exemplifica como seguir as instruções dadas.

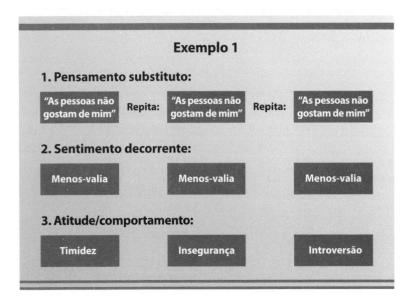

5. Agora é a sua vez! Tente mudar o primeiro pensamento e deixe espontaneamente aparecer outro. Daí, preencha os quadros a seguir:

Exercício de Percepção

1. Qual o seu pensamento substituto?

	Repita:		Repita:	

2. Qual o seu sentimento decorrente?

3. Qual a sua atitude ou comportamento com este novo sentimento?

---

6. Observe se, nesse segundo pensamento substituto, você teve uma saída pela oposição. Usando o primeiro exemplo em que o pensamento foi *"Ninguém me ama"*, a saída oposta seria: *"Todo mundo me ama!"*. Como isso acontece muitas vezes, orientamos que construa "n" pensamentos até o momento em que tenha um pensamento funcional capaz de trazer alívio e uma sensação de bem-estar o mais próximo possível do real.

Etapa 4

O objetivo, agora, é aprofundar a sua compreensão da origem dos seus pensamentos disfuncionais. Comumente, eles estão vinculados a uma crença. Crenças são pensamentos enraizados e profundos formados pela aprendizagem e pelos modelos adquiridos na interação com o mundo e com as pessoas. Elas são as inverdades vividas por você como verdade absoluta.

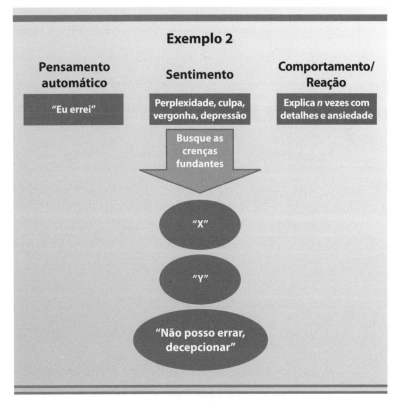

Agora, tente descobrir qual ou quais crenças fundamentam seus pensamentos surgidos nos exercícios anteriores.

Etapa 5

Uma vez identificadas as crenças fundantes de sentimentos e atitudes geradoras de sofrimento, vamos tentar descobrir se elas interferem nos seus sonhos e/ou projetos de vida.

1. Liste as crenças identificadas.

_____
_____
_____
_____
_____

2. Faça outra lista com suas necessidades ou projetos atuais.

_____
_____
_____
_____
_____

3. Agora, avalie se essa(s) crença(s) dificulta(m) ou atrapalha(m) suas tentativas de obter a realização dessas necessidades/projetos.
4. Essa(s) crença(s) traz(em) dificuldade ou problema nos seus relacionamentos?

5. O que você pode fazer a partir de hoje para mudar essas crenças?
6. Liste as mudanças a serem executadas diariamente, semanalmente e assim sucessivamente.
7. Depois de um mês, faça uma avaliação. Verifique se as mudanças ocorreram. E quais você ainda precisa implementar.
8. Passado um mês, houve mudanças? Volte à cena inicial da Etapa 1 deste exercício. Se ela acontecesse hoje, o que você faria de diferente? Você percebe mudanças nos diálogos dessa cena?

A figura a seguir mostra como a identificação da crença fundante possibilita uma mudança no pensamento e, com isso, no comportamento.

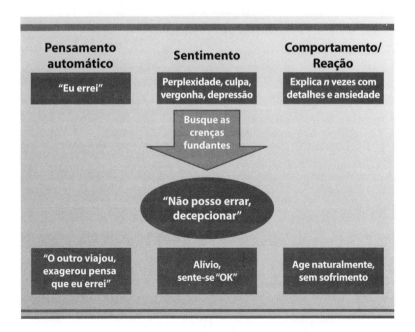

Se ainda achar que tais crenças estão presentes no seu cotidiano, continue a refletir um pouco mais conosco. Não deixe de ler o capítulo seguinte, que propõe caminhos para desconstruir essa maneira de viver preso ao sofrimento.

Independentemente dos resultados dos exercícios, ainda que você não seja um dependente do sofrimento, vale a pena aproveitar esta oportunidade de autoconhecimento. Para isso, olhe atentamente o esquema a seguir. Ele representa os vários compartimentos que constituem a vida de um ser humano.

Dependendo da fase de vida, alguns compartimentos são mais desenvolvidos do que outros, mas todos agem com espiral para o crescimento e evolução do indivíduo. Ex: na velhice a sexualidade é menor e a espiritualidade é maior do que nas idades anteriores.

Procure aplicar este esquema à sua vida. Os diversos compartimentos dela estão proporcionais? Se a resposta for sim, parabéns!

Do contrário, não deixe que isso venha a ser um problema. Afinal, dessas realizações vêm o nosso equilíbrio e o nosso bem-estar biopsicossocial. Pergunte-se, apenas: o que posso fazer para mudar? E mãos à obra!

Capítulo 6
Auxílio especializado

O riso e o choro existem para compor a inteireza humana.
Juca de Oliveira, ator e dramaturgo.

O que fazer agora que temos indícios de que o vício do sofrimento nos aprisiona ou concluímos que alguém próximo de nós padece desse sofrimento? Se você realizou os exercícios sugeridos no capítulo anterior, localizou a crença que pode estar sustentando o vício do sofrimento e criou o compromisso interno de refazer seu projeto de vida, talvez se abrindo finalmente a outras possibilidades de relacionamento.

A criação de novos vínculos de amizade pode oferecer uma perspectiva de vida diferente e, com isso, trazer uma proposta de mudança. O amor, a entrega, a simpatia, o respeito e a confiança são capazes de operar transformações qualitativas. As relações saudáveis e éticas nos alimentam afetivamente e rompem ciclos de isolamento.

O filósofo Martin Buber é um exemplo de como traumas pessoais podem servir de mola motriz para uma vida posterior de contribuições à humanidade. Nascido em Viena, em 1878, aos seis anos ele sofreu muito com a separação de seus pais e passou a ser criado pelos avós. Enquanto era criança, registrou a dor e a incompreensão dos motivos que levaram o casal a desistir desse projeto comum. Possivelmente, a dor da separação de seus pais o marcou profundamente e deixou uma inquietude ao longo de sua vida que foi importante para a construção de sua filosofia do Encontro. Com isso, ele demonstrou a sua capacidade de elaboração e ressignificação do seu sofrimento.

Martin Buber (1878-1965) foi escolhido como exemplo pela sua demonstração de resiliência e também porque suas ideias sobre as relações humanas (teoria dialógica do Eu-Tu/ Eu-Isso) contribuíram para um conhecimento que fundamenta a nossa prática psicoterápica, que é o Psicodrama.

Essa história de vida foi apresentada de forma simplificada para ilustrar um caminho possível para a superação do sofrimento. Existem outros caminhos. Nossa experiência profissional nos mostra, porém, que o recurso da psicoterapia abrevia a desconstrução do vício do sofrimento e torna esse processo menos árduo ou doloroso, tanto para si quanto para seus familiares. Não porque o psicoterapeuta tenha a verdade do outro, mas porque ajuda a pessoa a aprofundar seu autoconhecimento, a se descobrir e a encontrar ou realinhar seu projeto de vida. O processo de psicoterapia leva às transformações e à descoberta de potenciais e talentos.

Neste capítulo, apresentamos algumas abordagens psicoterapêuticas que fundamentaram a nossa *praxis*. Depois, vamos expor alguns conceitos sobre o funcionamento do cérebro, com destaque para os últimos avanços a respeito do cérebro emocional. As descobertas da neurociência permitem inferir como o vício do sofrimento provavelmente se insere dentro da bioquímica cerebral. Por meio dessas considerações, esperamos oferecer uma visão mais ampla dessa dependência.

Ressaltamos que essa associação de saberes tem sido útil para ajudar a aliviar o sofrimento dos viciados. Diversos instrumentos e formas de conhecimento colaboram na construção de um método de trabalho mais profícuo. Por isso, estamos sempre com a atenção voltada para novas informações capazes de favorecer o entendimento do ser humano e, assim, agilizar o seu processo de evolução pessoal.

A psicoterapia psicodramática

A teoria e o método psicodramático foram criados por Jacob Levy Moreno, que nasceu em 1889 em uma família judaica na Romênia. Mudou-se para Viena em 1895 e lá cursou medicina, trabalhando posteriormente como médico de família e em comunidades excluídas. Ao participar da vida intelectual vienense, teve contato com as ideias de Martin Buber por identificação com a teoria do Encontro. Nessa época, ambos escreveram para o Daimon, jornal mensal de filosofia existencialista.

Moreno interessou-se pelo teatro e suas experiências com a arte dramática inspiraram sua prática profissional. Ele criou o psicodrama, que segue um caminho diferente se comparado à psicanálise de Freud e emprega técnicas também distintas. Difundida com a publicação de *A Interpretação dos Sonhos*, em 1900, a psicanálise se baseia no individual e no verbal. Ao contrário, influenciado pelo teatro, Moreno realiza trabalhos em grupos e fundamenta o psicodrama no coletivo e na ação.

É na cena que o sujeito explora a sua verdade. A ação dramática proporciona a si uma experiência nova ao acessar a sua criatividade. Na cena psicodramática, é possível recriar uma situação de conflito, promover a troca de papéis e, com isso, perceber e ampliar os olhares a respeito da situação. A experiência de vivenciar outros papéis e experimentar novas situações pode liberar a nossa espontaneidade, antes bloqueada, estimulando a nossa capacidade de responder de jeitos novos e criativos. Assim, quebra-se o padrão da neurose, que está ligada justamente à repetição.

O psicodrama pode ajudar de maneira valiosa as pessoas com a dinâmica do sofrer. As vivências pregressas de sofrimento ficam arquivadas em nossa memória e inscritas no corpo de forma inconsciente. Na cena psicodramática, o corpo é capaz de lembrar do que pode ter sido esquecido pela mente. Assim, por meio dele, conseguimos atuar e reviver nossos dramas. A dramatização permite uma descarga corporal; resgata pela catarse a espontaneidade e a criatividade para novas possibilidades de atuação na vida. É, pois, na ação, que o homem desvela sua verdade, cria seu projeto e pode se transformar.

E por falar em catarse, essa palavra foi usada por Aristóteles ao teorizar o teatro. Segundo o pensador e filósofo grego, quando as pessoas assistiam à tragédia, elas se colocavam no lugar do herói, e ao viver sua jornada passavam pelo processo de catarse, que promovia transformações pessoais. A cena psicodramática oferece a mesma possibilidade de ter essa experiência de catarse, não só do ponto de vista mental, mas também do corporal.

Para Moreno, o homem é um ser relacional, criativo, espontâneo e de inclusão, capaz de transformar a si e ao meio, por isso ele focalizava trabalhos comunitários, coletivos, sociais e grupais. Na verdade, o psicodrama é apenas uma parte de toda a obra de Moreno, por ele denominada de socionomia. Esta inclui a sociometria (mensuração do universo relacional), a sociatria (tratamento dos sistemas sociais, como o psicodrama, a psicoterapia de grupo e o sociodrama) e a sociodinâmica (estudo das dinâmicas relacionais).

Uma breve visão da ciência cognitiva

No início do século passado, Freud introduziu a noção de inconsciente, o que foi uma inovação no campo da psicologia. Segundo Freud, o inconsciente era uma instância da vida mental, constituído por conteúdos recalcados aos quais a mente consciente não tinha acesso. Posteriormente, Jung acrescentou outros aspectos, como o conceito de inconsciente coletivo: inscrições deixadas geneticamente pela nossa evolução humana, que podem ser expressas por sonhos, missões ou movimentos de cultura sempre ligados à universalidade.

Moreno, por sua vez, estabeleceu o conceito de co-inconsciente para se referir a uma realidade mais profunda nas quais estão entrelaçados os inconscientes de diversas pessoas. Ou seja, Moreno traz sempre à tona a inter-relação humana. Para ele, os conteúdos de cada indivíduo, tanto conscientes quanto inconscientes, são de cunho criativo e espontâneo, mas estão impedidos de se expressar pelas conservas culturais.

Após fazer este rápido mergulho para entender como algumas concepções da psicologia abordaram a mente, exploramos mais uma forma de investigação da mesma temática: a ciência cognitiva. Surgida em meados do século passado, ela engloba a relação do cérebro com o pensamento, o raciocínio e o intelecto.

A ciência cognitiva estuda os processos que acontecem de forma inconsciente, ou seja, aquilo que se passa no inconsciente cognitivo. Essa noção de inconsciente cognitivo, que não é igual à noção de inconsciente dinâmico freudiano, sugere simplesmente que grande parte da atividade mental acontece fora dos limites da consciência. É um processamento ao qual não temos acesso e do qual nem sempre nos damos conta.

A ciência cognitiva oferece a possibilidade de compreender as organizações e os processos que fundamentam e originam os fatos mentais. Para os cognitivistas, a mente é um mecanismo de processamento de informações. Como exemplos desses processos, podemos citar a recordação de fatos passados, a realização de cálculos matemáticos, o uso da expressão gramaticalmente correta, a imaginação de objetos que não estão presentes e até mesmo a tomada de decisões. Embora o conteúdo consciente seja produto desse processamento, só temos consciência do resultado. Não é preciso pensar conscientemente para que algumas tarefas sejam realizadas. Assim, quando estamos dirigindo um carro não pensamos em cada movimento a ser feito: passar a marcha, acelerar e dar seta!

A terapia cognitiva supõe que as crenças, o pensamento e os comportamentos humanos sejam provenientes desse inconsciente cognitivo. Da mesma forma que automatizamos processos e ações do nosso cotidiano, também temos crenças gravadas nesse inconsciente cognitivo. Não só traumas de infância, como também paradigmas mais recentes.

Se o comportamento é produzido por sistemas cerebrais de atividades inconscientes, as pessoas nem sempre têm consciência das razões de suas atitudes. Portanto, identificar emoções, situações e pensamentos automáticos (funcionais e disfuncionais) é o foco do processo terapêutico na terapia cognitiva comportamental (TCC). Os pensamentos automáticos são sempre influenciados por uma crença inconsciente. Segundo essa abordagem, quando o indivíduo consegue modificar um pensamento disfuncional, consequentemente modifica a emoção, o comportamento e suas respostas fisiológicas.

Durante o processo psicoterápico de um cliente, utilizamos a TCC pontualmente para ajudá-lo no momento em que é necessário ter a percepção de sua atitude sofrente. A partir dessa percepção, ele pode, então, tomar consciência de que é um viciado em sofrimento e, como sabemos, para um vício deixar de existir, o indivíduo precisa reconhecer que é viciado.

Informações sobre a neurociência

Assim como a psicologia e a psicoterapia evoluíram com o tempo, também o conhecimento em relação ao funcionamento do cérebro humano teve extraordinário crescimento. Especialmente para nós que lidamos com os aspectos emocionais do ser humano, é importante conhecer o que hoje está sendo chamado pelos estudiosos da neurobiologia de "o cérebro emocional".

Estudos no campo da neurociência demonstram que algumas estruturas cerebrais concentram os registros da emoção. Entre elas se destaca a amídala cerebral, situada no prosencéfalo, que é parte do nosso cérebro evolutivamente mais antiga. Os circuitos dessa área são mais curtos e rápidos, podendo dar respostas sem que se tome consciência imediata dos atos. Cobrindo esse cérebro arcaico está o córtex, que é responsável pelas funções humanas mais evoluídas, como o pensamento. A figura abaixo ilustra essas estruturas:

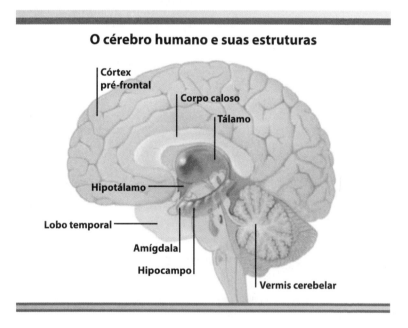

Nos mamíferos, houve grande crescimento de tecido cortical e, em especial nos seres humanos, do córtex pré-frontal (também chamado neocórtex). Esse ganho morfológico e também funcional da raça humana possibilitou o salto evolutivo da espécie em relação aos outros animais, caracterizado pelo desenvolvimento da linguagem falada e escrita, a criação de utensílios e instrumentos e a elaboração de uma cultura (arte, música etc.). A Figura a seguir ilustra a diferença de tamanho do cérebro humano, notadamente em relação às estruturas corticais:

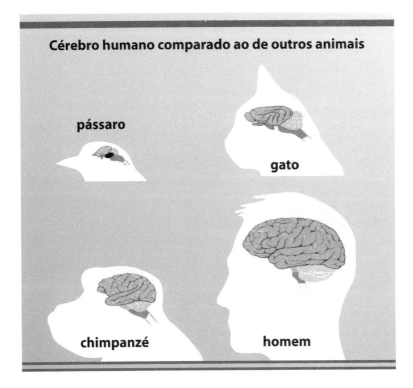

Cérebro humano comparado ao de outros animais

pássaro

gato

chimpanzé

homem

O sistema de estruturas cerebrais mais primitivas, onde se processam as emoções, antigamente denominado sistema límbico, também tem ligação estreita com o sistema nervoso autônomo. Essa comunicação direta das emoções com o nosso corpo explica, entre outras coisas, por que temos taquicardia e sudorese quando sentimos medo.

Aliás, o medo foi a emoção mais estudada pelos neurocientistas. Instintivo, ele condiciona diversas respostas que se perpetuaram em várias espécies animais provavelmente por estar ligado ao instinto de sobrevivência. O medo aciona uma reação arcaica de luta e fuga.

É importante diferenciar emoção de sentimento. As emoções (provenientes do cérebro primitivo) são medo, tristeza, aversão, surpresa, aceitação, alegria, expectativa e raiva. Já os sentimentos (ligados ao cérebro racional) são interpretações dessas emoções básicas ou de possíveis combinações entre elas. Se juntarmos o medo e a expectativa, teremos a ansiedade. Os sentimentos dependem de estruturas corticais e, portanto, são mais complexos e diversos para cada indivíduo.

Pelos labirintos da memória

Essa parte do cérebro humano associada às emoções também mantém estreita conexão com o nosso sistema de memória. Tanto que o conteúdo da memória é influenciado pelos estados emocionais. A lembrança é mais fixa quando o fato foi vivido com emoção. Sendo assim, memórias são reconstruções imperfeitas das experiências e, com o passar do tempo (e o acréscimo de vivências), os registros podem ser alterados.

Quer dizer, a memória depende de sinapses (ligações entre neurônios) passíveis de serem feitas, desfeitas e/ou fortalecidas. Por isso, o que está na memória não pode ser tomado como verdade absoluta de um fato ocorrido. O fato vai sempre existir, mas a lembrança dele pode ser transformada ou distorcida. Podemos dizer, então, que a reconstrução de memórias emocionais e traumáticas é sempre contínua e dinâmica. A neurociência demonstra que o encéfalo não armazena propriamente registros factuais, mas sim traços de informações que serão usados para reconstruir as memórias, nem sempre representando um quadro fiel às vivências passadas.

Compreender melhor o funcionamento da memória e como ela está engendrada no cérebro referenda a eficácia das propostas psicoterápicas na modificação de processos cerebrais, tendo em vista que o substrato orgânico da nossa mente possui, sim, uma plasticidade.

Os novos trabalhos da neurociência permitiram acesso a esse substrato orgânico que antes só era percebido de forma intangível. Recentemente, foi comprovado que o tratamento psicoterápico tem a capacidade de intervir na bioquímica cerebral de forma eficaz, mas diferente das drogas utilizadas em psiquiatria. A mídia leiga já divulgou, inclusive, que pessoas submetidas ao processo psicoterápico apresentam modificações no córtex pré-frontal enquanto nos usuários de antidepressivos essas modificações acontecem nas regiões subcorticais.

Concluindo, acreditamos que conhecimento é sempre bem-vindo quando se trata de ajudar alguém a superar dificuldades emocionais, em especial aqueles com o vício do sofrimento. Quando entendemos que podemos ter atitudes automatizadas, percebemos por que às vezes é tão difícil controlar nossas reações ou apresentar respostas novas. Essas informações auxiliam os psicoterapeutas e também os leitores a buscar a integração possível entre o cérebro mais instintivo/emocional e o outro racional. Dentro dessa perspectiva, a saúde é o resultado desse equilíbrio dinâmico.

Apesar de propormos o modelo da psicoterapia psicodramática, queremos ressaltar que é importante uma reflexão ampla e um olhar específico para a dinâmica do sofredor, lembrando sempre que todo cliente é um ser único e especial, portanto a sua psicoterapia deverá ser ímpar. Somos favoráveis ao pluralismo terapêutico sempre que intervenções procedentes de abordagens diferentes se mostrarem efetivas em prol do cliente.

Capítulo 7

Aprofundando o conhecimento sobre a psicoterapia do viciado em sofrimento

> *Uma pessoa precisa de técnica para aprender a tocar piano, mas, no final, quando se quer criar música, é necessário transcender a técnica aprendida e confiar nos próprios gestos espontâneos.*
>
> Irvin D. Yalom, psiquiatra e escritor

A construção do saber que respalda o atendimento aos indivíduos viciados em sofrer está fundamentada pela visão fenomenológico-existencial do homem e embasada pela metodologia socionômica criada por Jacob Levy Moreno (1889-1974). Essa metodologia tem como premissa uma relação dialógica de interação dialética. Nesse tipo de relação, os acontecimentos e a experiência são sempre co-construídos no "aqui e agora" e atualizam uma história de vida que tem *locus nascendi, status nascendi* e uma *matriz*.

Dessa perspectiva, o terapeuta-psicodramatista é coparticipativo: sua história de vida, seu autoconhecimento, sua disponibilidade afetiva e seu conhecimento teórico-científico estarão a serviço do cliente. O fenômeno da experiência de vida se expressa na cena dramática por meio de inscrições marcadas pelo colorido de uma história. O arcabouço técnico-psicodramático estimula respostas espontâneas e criativas do cliente, permitindo desconstruções de atitudes que geram sofrimento e a construção de novas posturas e comportamentos.

Convém acrescentar que toda psicoterapia é um processo mútuo de conhecimento e evolução afetivo-emocional entre o cliente e seu terapeuta. Sendo assim, embora o enfoque seja psicodramático, outras correntes psicoterápicas são e devem ser associadas – quando o conhecimento é apropriado pelo profissional – para aliviar mais rapidamente o sofrimento do cliente e não limitar a infinita possibilidade de olhares para o ser humano. Devemos acolher não só as queixas de sofrimentos e sintomas apresentados por ele, mas também os conflitos existentes em sua alma para juntos criarmos um projeto de terapia.

Existem alguns pilares para a construção de um vínculo saudável e profícuo no contexto terapêutico. É fundamental, por exemplo, estabelecer, já na primeira entrevista, um clima de aceitação, acolhimento, continência, empatia, escuta e interlocução para que a pessoa em busca de ajuda sinta-se compreendida e confirmada na sua demanda. Esse acolhimento é fruto de confiança, autoridade e ética edificadas a partir de um ambiente afetivo. Para tal, também é necessário exercitar a comunicação saudável por meio de diálogos coerentes. Esse processo é facilitado quando o profissional demonstra coerência entre o seu discurso e suas atitudes.

Sendo assim, crie uma terapia para cada cliente, exercite cotidianamente a construção do vínculo de confiança e segurança por parte do cliente, pois é dessa essência que surgirá o agente da mudança. Seja espontâneo e criativo para que as escolhas de intervenções fluam de cada encontro ímpar com o seu cliente, aí sim a escolha da técnica será mais eficaz e proveitosa.

Portanto, o sucesso da psicoterapia depende essencialmente do compromisso do cliente em querer crescer e mudar, das habilidades do terapeuta e, fundamentalmente, da relação empática que se estabelece, éticamente, entre ambas as partes.

Psicodinâmica do viciado em sofrimento

O personagem do sofredor começa a se esboçar desde a mais tenra idade, conforme explicado no Capítulo 4. A formação do "Eu" tem início com o exercício de papéis psicossomáticos imaginários e sociais que contribuem para formar a matriz de identidade. Segundo essa compreensão, o psiquismo é constituído por uma estrutura dinâmica em que o "Eu global" é constituído por múltiplos "Eus parciais", às vezes agrupados em constelações.

Desde o início da sua vida, a criança aprende a partir de suas experiências na relação com suas figuras parentais e da internalização dos modelos de relacionamento adotados consigo. Esse aprendizado servirá de base para a sua forma de se relacionar posteriormente na vida, sendo exteriorizado nas suas relações interpessoais. A internalização dos modelos relacionais ocorre por meio de situações vivenciadas, ou seja, a criança compreende o mundo por meio do olhar e das cenas vividas, do clima afetivo, das expectativas, de seu arcabouço genético, das verdades ou inverdades dos pais que ela toma por verdades absolutas. Desse modo, as relações resultam da equação de uma verdade interna (Eu-Eu) e uma externa (Eu-Tu).

Em função da sua imaturidade neurológica, que mantém os processos perceptivos ainda primitivos, o bebê-criança desenvolverá reações psicológicas (amor, ódio, ansiedade, raiva, tristeza, alegria, culpa, ciúmes etc.) dependendo da maneira como for lidando com as separações e sua futura aprendizagem dessa vivência. São justamente essas reações que permearão o colorido da construção dos seus "Eus parciais". Também a sua personalidade na fase adulta será uma resultante desse processo ao longo da vida, inclusive definindo os traços e as defesas neuróticas. Portanto, sua consequente formação está atrelada às repetições sucessivas desse momento relacional.

No desenvolvimento psicossocial da pessoa viciada em sofrimento, existem fatores que impedem o acolhimento e a expressão de amor essenciais como base emocional para a criança. Conflitos familiares que dão um colorido negativo ao *locus* infantil não proporcionam o acolhimento, a confirmação e a aceitação necessária para a estruturação saudável do indivíduo. O *locus* demarcado por essas vivências – na primeira ou segunda matriz de subjetividade – é de uma família que esteve disfuncional nesses períodos por causas diversas, circunstanciais ou crônicas. Logo, o pilar relacional do viciado em sofrimento é carregado de insatisfações e carências.

Na primeira matriz, a internalização dos "Eus parciais" está agrupada em complexos de "Eus negativos" que, no futuro, poderão determinar características de personalidade (obsessivas, fóbicas, histéricas, esquizóides etc.), o que corrobora o fato de às vezes o vício estar mascarado por outros distúrbios da personalidade.

Na época da segunda matriz, os filhos mais resilientes de famílias disfuncionais têm a chance de elaborar novos modelos e estabelecer relações afetivas gratificantes ao conviverem com outros grupos e/ou outras famílias. Já os mais sensíves, e, portanto, mais vulneráveis às suscetibilidades da vida, nem sempre conseguem promover transformações a partir das adversidades. E, então, correm o risco de adotar um estilo de vida favorável ao desenvolvimento do seu personagem sofrente.

As crianças captam como os pais lidam com o sofrimento e podem usar esse referencial para guiar as próprias atitudes. Só que no viciado em sofrimento as relações serão caracterizadas pelo desamor próprio e o desejo infantil incessante de ser amado e aceito incondicionalmente pelo outro. O mundo lhe parece áspero, frio e cinzento. Quer dizer, se, de um lado, ele é carente e deseja estabelecer relações afetivas gratificantes, do outro, ele se revela temeroso e preso a um comportamento repetitivo que o leva sempre a procurar ou mesmo gerar situações conflituosas nas relações afetivas, profissionais ou sociais.

Nesse sentido, ocorre uma repetição e atualização dessas vivências no presente por intermédio de defesas, competição, desconfiança, autoreferência etc. Os viciados em sofrimento pensam, sentem e integram as suas dores, atuais ou remotas, como uma postura existencial. Esse mecanismo inviabiliza as possibilidades de encontrar respostas novas e criativas no "aqui e agora", e assim o viciado perde inúmeras relações capazes de alimentá-lo afetivamente ao longo da vida.

A dinâmica do viciado em sofrimento delineia, assim, um modelo relacional contraditório: existe um lado desejoso do amor e outro que não se permite receber esse amor. Ele espera e depende do mundo para suprir suas carências, porém está aprisionado pela ambiguidade de um "Eu" que quer ser amado e ter experiências, mas, ao mesmo tempo, receia viver e ser responsável pelo seu amor.

Em consequência, as pessoas ficam como que enredadas nessa repetição e se tornam dependentes das emoções mobilizadas pelo sofrimento. Surgem, assim, condicionamentos nos âmbitos corporais e interpessoais que transformam a si próprios e suas estruturas familiares e sociais em vítimas dessa maneira de ser.

Ao longo do tempo, essa divisão entre o "Eu" carente e desejante e um "Tu" internalizado que é frustrador origina pensamentos repetitivos que geralmente ocasionam diálogos internos torturantes repletos de autopiedade, desamparo, autovitimização e autodepreciação. Essa divisão também se manifesta nas relações interpessoais: o viciado em sofrimento constantemente interpreta o que o outro diz ou faz como se estivesse lendo com legendas. Logo, o diálogo estabelecido não é com o outro, mas com seu "Eu interno" (personagem projetado). Trata-se, então, de um monólogo em vez de um diálogo, configurando assim o sofrimento como estado de escravidão interna e como forma específica de consciência. O sofrimento psicológico é acompanhado por ansiedade disfuncional, isolamento, depressão, pensamentos obsessivo-compulsivos, baixa estima e autocobrança exagerada.

A figura a seguir ilustra a psicodinâmica do viciado em sofrimento.

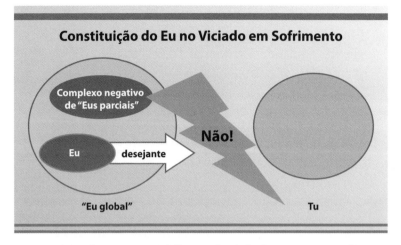

Essa figura exemplifica a dualidade, ou seja, a divisão interna do "Eu global" na relação com outra pessoa conforme explicado anteriormente.

Nossa proposta de intervenção

Apresentaremos, a seguir, a abordagem psicoterapêutica, construída por nós e nossos clientes, para ajudar quem padece do vício de sofrer. Antes, porém, de compartilhar nossas descobertas com os profissionais da área, gostaríamos de fazer algumas ressalvas:
- É necessário ter cuidado para distinguir quando quadros psicopatológicos podem ser responsáveis pelos sintomas, fazendo o encaminhamento necessário para psiquiatras e/ou profissionais das especialidades devidas.
- Convém perceber se o vício do sofrimento está camuflado nesses quadros e discriminar quando ele pode ser o "fio da meada" de uma problemática maior do cliente.

- É importante desenvolver uma escuta que possibilite ao psicoterapeuta a interlocução com a parte sofredora do cliente, ajudando-o a diferenciar o sofrimento como vício do sofrimento existencial e, a partir dessa conscientização, começar a desconstruir essa atitude sofrente.

Nossa proposta de intervenção envolve os seguintes passos e recursos, esquematizados no quadro a seguir.

- Terapia processual individual.
- Identificar quando ocorre estagnação no processo de terapia.
- Psicodrama interno como proposta de conscientização do vício.
- Intervenção com metodologia cognitivo-comportamental para tomada de consciência quanto ao pensamento automático repetitivo.
- Libertação do sujeito dos seus mecanismos repetitivos pela dramatização.
- Desconstrução do ciclo vicioso do sofrimento, acessando, assim, o potencial espontâneo e criativo do cliente.
- Terapia de grupo: um *locus* para a construção de novas atitudes a partir de vínculos relacionais confiáveis.

Reconhecendo o sofredor em psicoterapia

O cliente com o vício do sofrimento normalmente traz demandas de queixas sintomáticas, dificuldades de relacionamento e/ou vontade de se libertar de uma dor psicológica. Embora pareça similar à demanda dos clientes que procuram terapia, ela tem uma nuança própria. Com o andamento da psicoterapia e apesar do seu autoconhecimento e das mudanças de percepção a respeito de sua problemática, a atitude sofrente dos clientes com a dinâmica do vício em sofrimento persiste.

Em primeiro lugar, nota-se um padrão de comportamento que pode ser definido como forma cristalizada de funcionar como um Ser sofrente em relação ao mundo. No decorrer das sessões, identifica-se uma tendência a repetir o sofrimento que é expresso como queixa dentro da sessão, trazendo para a relação terapêutica diálogos torturantes e autodepreciativos. No primeiro momento, nenhum incentivo por parte do psicoterapeuta é aceito e sim desqualificado em um processo autoacusativo que deixa o interlocutor impotente. Com isso, a ação terapêutica se torna inoperante.

Nessa fase, é muito importante saber o que pesquisar para averiguar se a resistência do cliente faz parte do vício. Entender a resistência que eventualmente surge no decorrer do processo psicoterápico é fundamental para evitar a descontinuidade ou o insucesso do atendimento.

Algumas frases típicas podem ser reconhecidas no discurso do cliente: "*Não tenho sorte na vida*"; "*Não encontro alguém que dê certo comigo*"; "*Não consigo ter sucesso no meu trabalho*". O cliente tem a convicção de que nenhuma de suas atitudes terá sucesso. Ele sente que sofre, mas ainda desconhece o padrão de comportamento (a atitude repetitiva) que faz dele um viciado em sofrimento. É como se refutasse inconscientemente o seu crescimento.

Vive-se, então, um momento de questionamentos mútuos: o cliente achando que o processo não está funcionando e o psicoterapeuta sentindo-se impotente e se perguntando se deveria reencaminhar seu cliente.

Quando o psicoterapeuta não percebe que o cliente está colado nessa identidade de sofredor, talvez não consiga discriminar que as melhorias ocorridas no processo terapêutico serão rejeitadas, não se mostrarão efetivas ou serão guardadas em segredo pelo cliente. Portanto, sem interlocução (se a mudança não é compartilhada com o psicoterapeuta), elas tendem a se apagar, perpetuando-se assim o ciclo de sofrimento.

Mas existe outra possibilidade de encaminhamento. Entendemos o processo psicoterapêutico como uma jornada na qual o psicoterapeuta ilumina os pontos obscuros, deixando o cliente se descobrir e buscar a sua verdade existencial. Sendo assim, nesse momento, ele e o cliente podem começar juntos a iluminar o que está além da demanda principal. Ciente de que as memórias emocionais podem ser reproduzidas como atitudes compulsivas que levam ao sofrimento, é tarefa do psicoterapeuta ajudar o cliente a perceber esse padrão de comportamento e a começar a desconstruí-lo.

A desconstrução do vício

Uma vez que o tema das atitudes repetitivas não surge espontaneamente como queixa do cliente, ou seja, não é trazido para a sessão como tal, cabe ao profissional apresentá-lo e convidar seu cliente a ficar atento para verificar se a atitude-padrão aparece ou não no seu cotidiano.

Esse padrão de comportamento pode ser mostrado ao cliente por meio da técnica psicodramática do princípio do duplo, em que o personagem sofrente se apresenta com as seguintes características:

- pensamento pessimista ou de que tudo é difícil;
- sensação de menos-valia;
- pensamento torturante;
- sofrimento constante;
- autoflagelação;
- prazer na dor-droga, que sempre gera um padecimento psíquico.

O cliente poderá iniciar um processo de conscientização a partir da observação e do reconhecimento desse padrão no seu dia a dia ante às situações conflituosas.

Outras abordagens clínicas psicoterápicas podem ser associadas caso mostrem-se mais eficazes ou promovam mais rapidamente o "desatar do nó" da problemática, no caso, o vício, aliviando, assim, a dor psicológica do cliente.

Justifica-se, por exemplo, a utilização dos recursos da terapia cognitiva para trabalhar a atitude repetitiva-padrão de comportamento. A terapia cognitivo-comportamental (TCC) foi criada nos Estados Unidos por Aaron Beck (1921-1963), na década de 1960, enquanto atendia deprimidos. Consiste em uma forma de terapia breve direcionada a resolver problemas atuais, modificando os comportamentos disfuncionais.

Segundo a TCC, as crenças centrais conduzem às crenças intermediárias, que, por sua vez, condicionam os pensamentos automáticos, que também recebem influências de dada situação (como se pode perceber no esquema a seguir). O que determina o sentimento e o comportamento é a forma como um indivíduo interpreta uma situação e pensa a respeito. Desse modo, a TCC tem como objetivo ensinar a identificar crenças, modificar pensamentos automáticos e sinalizar a relação entre a cognição e o comportamento. Com essa percepção, o indivíduo poderá alterar o estado disfuncional.

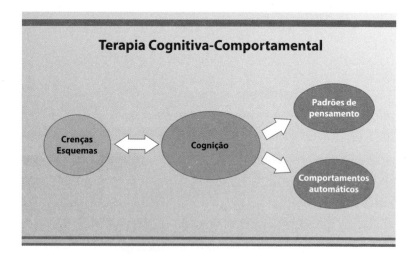

O roteiro sugerido pela TCC para a mudança de comportamento é:
- Perceber o pensamento automatizado.
- Identificar o(s) sentimento(s) oriundo(s) desse pensamento.
- Localizar a reação que apresenta como resposta.
- Reconhecer a crença e/ou paradigma que a norteia.

Embora ajude a desconstruir o pensamento automático e essa consciência viabilize a escolha de novas possibilidades de ação, temos percebido que a TCC não cumpre toda a demanda do cliente nesse processo de desconstrução da atitude de sofrente. De acordo com nossa experiência, a dramatização e os demais recursos técnicos do psicodrama são mais potentes no sentido de evitar sucessivas recaídas no ciclo vicioso do sofrimento.

A proposta do psicodrama é vivenciar a verdade de uma pessoa por meio da ação, indo além da fala para as linguagens não verbais, posturas e atitudes com o outro. A cena vivida por meio da dramatização – que traz inscrita na sua história seu *locus*, seu *status nascendi* e sua *matriz* – pode alterar o curso da ação, com a finalidade de produção de novos sentidos, criando, assim, outras perspectivas relacionais. Essa vivência possibilita o acesso aos conteúdos e registros marcados por memórias sensoperceptivas, concretizando e desvelando emoções muito antigas inscritas nesse corpo sofrido.

As técnicas de duplo, espelho, concretização, psicodrama interno, inversão de papéis, tomada de papéis e interpolação de resistências, entre outras, fazem parte do arcabouço técnico utilizado na cena dramática. Essas técnicas ajudam o protagonista a ver novas possibilidades de caminhos e a descobrir outros sentidos, resignificando-os, como revela a figura a seguir.

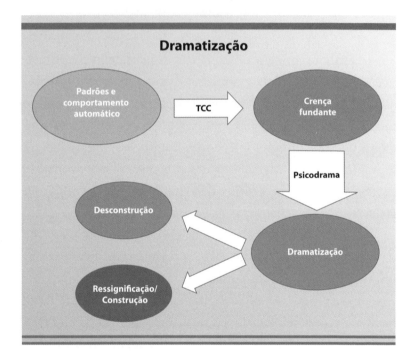

Com base na teoria moreniana, que valoriza a experiência relacional no "aqui e agora", o psicodrama confirma e reconhece esse indivíduo-cliente como um ser relacional. Além disso, também propicia a pesquisa na história de vida – as origens, suas carências, suas dificuldades relacionais, suas defesas psicológicas – promovendo *insights*, construções de respostas novas, espontâneas e criativas para situações antigas e cristalizadas. Desse modo, o cliente tem a oportunidade de retomar o fluxo de sua jornada existencial como um ser social, liberto de suas conservas.

Como afirmamos no capítulo anterior, o cérebro, sede das emoções, é profundamente plástico e pode se modificar com as experiências. Acreditamos que, ao trabalhar o corpo, indo além do pensamento e do raciocínio, o psicodrama consegue acessar regiões cerebrais mais profundas e arcaicas por intermédio da dramatização. Possivelmente, a catarse promovida pela cena dramática auxilie no percurso de novos circuitos cerebrais e, com isso, abra a possibilidade de novos sentidos e caminhos existenciais.

Associações bem-vindas

Esclarecer os padrões de comportamentos inconscientes que mantêm o sofrimento como vício é a chave para o trabalho de conscientização. Entretanto, isso deve ser vivido pelo cliente – e não se limitar à interpretação do psicoterapeuta – pois aí ele tem a chance de integrar vivências que ficaram ilhadas dentro de si.

Uma forma eficaz de abordar o vício do sofrimento e torná-lo consciente para o cliente é associando a TCC aos recursos do psicodrama. A figura a seguir mostra esquematicamente o trabalho desenvolvido com Fausto, um cliente que apresentava fortes sentimentos de desvalia.

Exemplo de intervenção conjunta: TCC e dramatização.

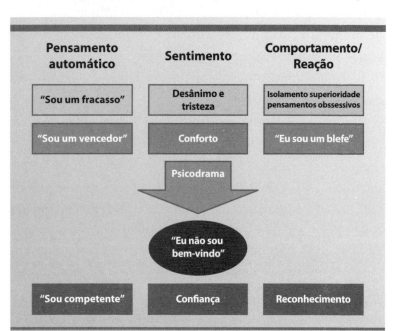

Como se pode ver no esquema anterior, às vezes, no decorrer do processo de conscientização do pensamento automatizado, a saída é, a princípio, pelos polos opostos: impotência *versus* onipotência. Então, cabe ao profissional trabalhar as dinâmicas psicológicas que, assim como um complexo, cristalizam essa verdade/inverdade de forma patológica. Identificar a cena eleita como porta de acesso é fundamental para recodificar o registro afetivo-cognitivo que dá origem ao padrão de comportamento. As desarticulações dessas dinâmicas se processam por meio das cenas dramáticas com a gradual substituição de diálogos internos torturantes por outros mais reparadores e reconfortantes.

Um instrumento do arsenal técnico psicodramático bastante útil na compreensão do ciclo do sofrimento é o psicodrama interno. Começa pelo relaxamento, seguido do esvaziar da mente. De olhos fechados e conectado às sensações corporais, o cliente inicia um percurso em que deve ficar atento às possíveis cenas ou imagens visuais, como se estivesse no túnel do tempo, vendo *flashbacks* e, com isso, presentificando o passado. Essa técnica permite acessar memórias e imagens a fim de desobstruir e equilibrar os canais de comunicação entre o inconsciente e o consciente.

A introspecção possibilita um aprofundamento que pode culminar em vivências emocionais que tingiram a vida com o colorido do sofrimento. O diferencial nesse psicodrama interno é que não será trabalhada uma cena dramática específica, mas sim será delineado o fio condutor da atitude de sofrimento ao longo de uma vida.

Procuramos abordar essa questão com a visão genealógica, ou seja, da proveniência do diálogo interno. Na pessoa com vício do sofrimento, ele se expressa por autopiedade, desamparo, autolimitação, autodepreciação, autovitimização e culpa, que caracterizam a interpretação dos acontecimentos. Assim, o psicodrama interno permite a apropriação do sentimento e a percepção do sofrimento na sua vida.

Ao esclarecer para si esse padrão de comportamento que mantém o seu sofrimento psíquico, o cliente poderá se comprometer a escapar dessa clausura por intermédio, agora, de uma atenção deliberadamente consciente. O psicodrama interno lhe oferece, então, a oportunidade de ser um observador ou mesmo o diretor de sua cena. Isso somado ao compromisso assumido iniciará a construção de um novo "Eu" oriundo da sua saúde psíquica. Esse novo "Eu saudável" auxilia na percepção real de quem somos.

Nesse percurso dialético, cria-se no aqui e agora o *locus* que originou as suas dificuldades e que, na época, estimulou a busca de respostas defensivas e necessárias à sua sobrevivência emocional, mas que, pela cristalização (repetições da mesma história), acabaram construindo o vício de sofrer. A ação dramática oferece a possibilidade de experimentar cenas importantes e ressignificá-las. A dramatização permite ter *insights* que contribuem para modificar a atitude de se retroalimentar no sofrimento.

Ao longo do processo psicoterápico do cliente, várias dramatizações acontecem, descortinando associações cênicas, que são integradas como vivências de partes saudáveis de um "Eu". Em um segundo momento, esse novo "Eu saudável" será um forte aliado na desconstrução do personagem sofredor. Liberto do seu drama, das amarras do aprisionamento psíquico, começa um novo e importante momento na vida desse ex-viciado, um longo período de aprendizagem e registro de relações afetivas e sociais gratificantes.

A essa altura, apesar do fortalecimento deste "Eu saudável", cônscio de si e da sua nova jornada, aparece outra nuança do funcionamento mental dessa dinâmica. Embora estabeleça novos vínculos amorosos saudáveis, em situações de grande tensão, estresse ou cansaço, o ex-viciado ainda faz projeções. Em vez de dialogar com o outro, realiza um monólogo, isto é, fica procurando o que o outro quiz dizer, como se ele estivesse falando em outro idioma. Só que, em vez de ser fidedigna, a tradução é calcada nos resquícios do personagem sofrente.

Por exemplo, Maria convida a amiga para ir à sua casa. Ao ver seu guarda-roupa *(closet)*, essa amiga exclama: – *Nossa, quantos sapatos!*

Maria pensa: *ela está dizendo que sou consumista..., uma "madame"..., que sou como Imelda Marcos³...*

A amiga acrescenta: – *São lindos...*

Maria nem chega a ouvir o que a amiga acabou de dizer. Com uma expressão triste, inventa um pretexto para sair dali: – *Vamos tomar um café?*

Esse diálogo exemplifica de que maneira o viciado em sofrimento interpreta o que alguém diz segundo a projeção do seu personagem sofrente.

O valor do grupo terapêutico

Após as etapas de conscientização e descontrução do vício do sofrimento, a psicoterapia de grupo se faz muito proveitosa e até mesmo necessária. Se levarmos em conta que o homem é um ser relacional, o conhecimento de si e do mundo se apoia no processo de complementariedade e de interdependência com o outro. Nada melhor, portanto, do que iniciar sua longa aprendizagem em um clima de continência afetiva e de validação de sua existência.

O grupo de terapia oferecerá a esse cliente inexperiente no campo das relações outras possibilidades de formar vínculos de amizade pelo olhar amoroso do psicoterapeuta, por se

---

³Imelda Marcos é a ex-primeira-dama das Filipinas, conhecida por sua enorme coleção de sapatos.

permitir ser mais espontâneo nas suas respostas e também por falar das suas distorções perceptuais e pedir *feedback* dos colegas de grupo. Assim, poderá perceber suas reações e experimentar novas condutas.

No processo de terapia grupal, inicialmente é necessário que os integrantes se constituam de fato como um grupo. Esse contexto permite acesso ao coinconsciente e coconsciente grupal, ou seja, tanto ao inconsciente/consciente pessoal quanto ao inconsciente social e coletivo. No convívio grupal, surge a possibilidade de novos modelos relacionais, do exercício de sua entrega afetiva, de relações embasadas em continência e validação de sua existência, de novos registros, de desconstrução de padrões perceptuais e ruídos comunicacionais (desconstruções de monólogos e construções de diálogos).

A expressão desses conteúdos se apresenta no drama, revelando ao cliente as suas perguntas e/ou respostas. Emergem aí o seu código interno e a sua ética, podendo, então, descongelar seu lago de sentimentos que eram vividos como isolamento emocional e experimentar relações afetivas gratificantes.

No espaço protegido e continente do grupo terapêutico surgem oportunidades de vinculações relacionais baseadas em nova sociometria. O cliente pode viver o Encontro no "aqui e agora" fazendo dessa experiência um trampolim para a realidade, isto é, para construir relações qualitativas e saudáveis na vida. Corresponsáveis no mundo e como agentes multiplicadores, os integrantes do grupo podem, então, novamente, se ligar com suas verdades existenciais tornando-se pessoas cônscias de si mesmas e capazes de relações de alteridade e reciprocidade social.

Como psicoterapeutas de grupos, também fazemos parte do drama social na vida e também somos atores-diretores no contexto terapêutico. Assim como nossos clientes, muitas vezes estamos temerosos em adentrar nesse lago congelado e esquecemos que só dessa maneira podemos alimentar e confirmar nosso ser e, com isso, reencontrar a paz física e espiritual. Mas o nosso papel é o de coadjuvante que participa e acompanha com amor o processo de crescimento do grupo e a jornada existencial de seus integrantes.

Devemos ajudar o viciado em sofrimento a desenvolver empatia com os outros, pois grande parte dos seus insucessos se deve à dificuldade de manter relacionamentos interpessoais gratificantes. A terapia de grupo lhes oferece a oportunidade de dirigir suas vidas como protagonistas e não mais como personagens sofrentes.

Palavras finais

Decidimos como palavras finais deste livro compartilhar com o leitor o depoimento de alguns clientes que descobriram seu vício na terapia e conseguiram superar sua história de sofrimento, criando para si e para pessoas ao seu redor relações mais saudáveis – afetivas, sociais, de amizade e profissionais – e transformando seus sonhos em projetos de vida.

"Hoje olho para trás e vejo que perdi uma época fundamental da minha vida que foi a adolescência e a fase de adulta jovem. Estive viciada em sofrimento, dopada com um coquetel de medicações psiquiátricas. Tive depressão, pânico e engordei 40kg. Hoje liberta dos vícios – comida, medicação e sofrimento – iniciei uma vida de potência, tenho uma profissão, perdi 30 kg, sai da casa de meus pais e morei sozinha. Estou recém-casada!

Sou uma mulher bonita. Ah... uma eternidade para reconhecer e construir esta relação amorosa comigo e com o mundo. Ainda estou em terapia."

"Vivia na escuridão. Meu mundo era áspero. Tudo para mim era sofrido e difícil. Pensava solitariamente e muitas vezes indignado com Deus me perguntava: Por que não tenho sorte? Quando nasci, meus pais estavam correndo atrás de salvar meu irmão que tinha uma doença incurável. A sorte, se é que era sorte, eu tinha uma família grande e a minha irmã de 8 anos me adotou. Minha infância foi sofrida... com pouca atenção e muitos limites econômicos. Na adolescência, me sentia pronfudamente triste, não tinha talento para nenhum esporte, era horrível. Não namorei, vivia sendo 'zuado' pelos colegas: amigo não tive. Descobri a pintura mas não tinha condições financeiras para tal hobby.

Fiz faculdade, arrumei um belo emprego, mas continuava a me sentir muito infeliz. Procurei terapia e depois de um tempo descobri que era viciado em sofrimento, que dentro de mim existia um outro "Eu" que me torturava com pensamentos obsessivos, que me punha para baixo, que me desqualificava, que me dizia que nunca o que fazia estava bom e quando recebia elogios me dizia: 'Isto não é você – você é um blefe – um dia todos vão descobrir'. Me fazia desconfiar de tudo e de todos. Os momentos de ócio, se assim eu puder chamar, pois hoje vejo que eram mais momentos de tortura, vivia pensando no passado ou na ansiedade do futuro, sempre preocupado com algo.

Hoje me sinto um ex-viciado. Consegui construir uma vida onde me sinto amado. Tenho família, amigos e uma realização profissional. Vivo intensamente o presente, cuidadoso em fazer um mundo melhor. Cada momento vivido é impar. Das datas faço ritos que as colorem ainda mais. Hoje, orgulhosamente posso dizer que tenho uma vida harmônica."

"Quando procurei a psicoterapia estava com câncer; desenganada pelos médicos. Estava recém-casada e vi meu mundo desmoronar. O meu projeto de família nem tinha iniciado e já estava fadado ao insucesso. No percurso do meu autoconhecimento me descobri viciada no sofrimento. Descobri também que parte da construção do meu câncer era minha droga potencializada e só quando a superasse poderia ser feliz para sempre ... ledo engano! Agora tinha uma doença terminal.... Só no pós-vida? E isto existe? Por quê eu?

Como parei meu vício? Descobri e desconstrui meu torturador interno. Comecei a viver intensamente o presente – o "aqui e agora". Cada momento era único e último. Retomei meu projeto profissional e o meu relacionamento afetivo-amoroso e sexual com o meu marido nunca foi tão bom. Resgatei meus amigos e minha família. Estava apaixonada pela vida e engravidei. Este período foi o ápice da minha plenitude feminina e de satisfação. Hoje posso dizer que sou feliz e realizada! Tenho uma linda filha e há mais de 5 anos não tenho recidiva."

"Minha mãe estava hospitalizada há 2 anos 'em coma' sem conseguir ter alta da UTI. Durante todo esse período fiquei responsável por ela e me incubia de todos os seus cuidados. Essa decisão foi familiar já que eu sou a única filha solteira. Apesar de trabalhar senti que ao longo desse tempo deixei a minha vida passar só me preocupando em ser responsável pela saúde dela. Sempre estava presente nas visitas médicas diárias da UTI, pela manhã e à noite, questionando tudo o que era feito e verificando se os cuidados de enfermagem estavam sendo realizados, pois eu era a porta-voz da melhora clínica da minha mãe para o resto da família. Muitas vezes era ríspida e não me conformava com aquela situação, de não poder falar com ela, de ouvir das pessoas que ela não iria mais acordar.

Descobri que estava impregnada de todo aquele sofrimento, e que embora a minha mãe estivesse recebendo cuidados, nunca era suficiente. Percebi, com terapia, que aquela situação era a minha droga, meu motivo para sofrer. Também, com uma mudança da equipe responsável pela UTI, passei a ser chamada para participar de reuniões familiares. Graças a isso entendi melhor sobre o quadro clínico da minha mãe e pude dividir as responsabilidades com a minha família, pois eles tem que estar presentes nas reuniões.

Hoje na terapia tento resgatar os meus sonhos e construir a minha vida, agora de forma independente, tentando criar laços afetivos mais gratificantes e recíprocos."

A construção deste livro teve o intuito de chegar até você, leitor, que não necessariamente está em terapia. Esperamos que este livro seja um agente de mudanças, que lhe sensibilize com relação a sofrimentos evitáveis e recorrentes que te impedem de realizar os seus sonhos.

Se você quiser compartilhar de sua experiência sobre este tema ou trocar ideias, ou se precisar obter mais informações, pedimos que entre no nosso site www.oficinadorelacionamento.com.br.

Glossário

Atitude repetitiva – A repetição de atos ou comportamentos não conscientes ou não elaborados pelo indivíduo.

Compulsão – É um ato irracional; ações repetitivas que mantêm a pessoa ocupada e a impedem de experimentar sentimentos de depressão, ansiedade, angústia e tédio.

Dinâmica – Na perspectiva da psicoterapia é a forma de funcionamento de uma pessoa e como ela se relaciona de acordo com padrões sociais, afetivos e cognitivos que são expressos, atualizados e vividos na relação.

Dramatização – Segundo Moreno, é um método para autoconhecimento, resgate da espontaneidade e recuperação de condições para o interrelacionamento. É o caminho pelo qual o indivíduo pode entrar em contato com seus conflitos que até então estavam inconscientes.

Duplo – É quando um terapeuta, na função de ego-auxiliar, adota a mesma postura, expressão corporal e gesticulação do paciente, além de falar a partir de sentimentos e emoções captados.

Escuta ativa – É a capacidade de captar aquilo que é dito de forma que o locutor se sinta confirmado e reconhecido na sua existência.

Fissura – Fenômeno de natureza subjetiva que corresponde à experiência da necessidade de obtenção dos efeitos de uma substância psicoativa.

Ganho secundário – São as vantagens advindas da neurose, resultando em alívio de tensão psíquica.

Inconsciente – Para a psicanálise é a parte mais profunda da estrutura mental humana em que se dão processos psíquicos, impulsos e desejos que escapam à consciência.

Interlocução – Conversação entre duas ou mais pessoas. Em psicologia, essa palavra é comumente usada para significar que, no diálogo, o outro se sente compreendido, aceito e reconhecido.

Locus – Lugar onde a criança se insere desde o nascimento, relacionando-se com pessoas, objetos e determinado clima emocional. Lugar de origem do problema, em especial as condições familiares e sociais que aconteciam quando a queixa surgiu.

Matriz – Lugar preexistente, modificado pelo nascimento do bebê. É o ponto de partida para a sua definição como sujeito. É a resposta dada pela pessoa naquele momento e que será estruturada por ela como uma resposta defensiva. Instância operativa única.

Mito da caverna – Também chamada "Alegoria da caverna", é um parábola escrita pelo filósofo Platão que se encontra na obra intitulada "A República". Trata-se da exemplificação de como podemos nos libertar da condição de escuridão que nos aprisiona pela luz da verdade.

Obsessão – Motivação ou ideia irresistível para realizar um ato irracional.

Papel – É a forma de funcionamento assumida no momento específico de reação a uma situação. No psicodrama, é a unidade de conduta interrelacional observável, resultante de elementos constitutivos da singularidade do agente e de sua inserção na vida social.

Princípio do duplo – Quando o terapeuta, usando seu *feeling*, expressa a percepção do sentimento e/ou das emoções inconscientes captadas do cliente. Entra na chamada "sintonia télica" para expressar e realizar aquilo de que o paciente está necessitando e não consegue por si só.

Psicodinâmica – Padrão e forma de funcionamento construídos dentro e fora do indivíduo, configurando uma sociodinâmica intra e interpsíquica por meio dos papéis que se articulam. Esses papéis são compostos por uma multiplicidade de personagens que se agrupam em constelações harmônicas ou contraditórias.

Relação simbiótica – Relacionamento de mistura afetiva e emocional entre duas pessoas, impedindo o processo de crescimento e diferenciação. É natural e saudável no vínculo mãe e recém-nascido.

Resiliência – Capacidade do ser humano para fazer frente às adversidades da vida, superá-las e, inclusive, ser modificado por elas. Uma combinação de fatores que permite enfrentar e superar problemas e ser capaz de construir com isso. Conjunto de processos sociais e intrapsíquico que possibilitam ter uma vida "sadia" em um mundo "insano".

Síndrome de abstinência – É caracterizada pelo conjundo de sinais e sintomas desenvolvidos após a parada, suspensão abrupta ou redução do consumo de droga ou comportamento gerador de dependência. É eliminada parcial ou totalmente pelo novo uso da substância ou do comportamento.

Status nascendi – É a dimensão temporal, o momento em que os fatos aconteceram, a estruturação das condutas defensivas.

Tolerância – Quando surge a necessidade crescente de doses para obtenção dos mesmos efeitos.

Vicio do sofrimento – Adição ao sofrimento; quadro psicodinâmico formado por um conjunto de fatores de natureza mental e emocional que tornam uma pessoa dependente de comportamentos que conduzem ao sofrimento de forma recorrente.

Bibliografia

AGUIAR, M. *O Processamento em psicodrama*. In: Teatro espontâneo e psicodrama. São Paulo: Ágora, 1998.

ALMEIDA, W. C. *Psicoterapia aberta: O método do psicodrama, a fenomenologia e a psicanálise*. São Paulo: Ágora, 2006.

ALVARENGA, P. G.; ANDRADE, A. G. *Fundamentos em psiquiatria*. São Paulo: Manole, 2008.

BOWLBY, J. *Apego e perda*. São Paulo: Martins Fontes, 2002.

BRITO, V. et al. *Pesquisa qualitativa e psicodrama*. São Paulo: Ágora, 2006.

BUSTOS, M. D. *El psicodrama: Aplicações de la técnica psicodramática*. Buenos Aires: Editorial Plus Ultra, 1974.

_____. *Nuevos rumbos en psicoterapia psicodramática*. Individual, Parejas y Grupo en Funcion social. La Plata: Editorial Momento, 1985.

_____. *Novos rumos em psicodrama*. São Paulo: Ática, 1992.

_____. *O psicodrama: Aplicações da técnica psicodramática*. São Paulo: Summus Editorial, 1982.

_____. *Perigo, amor à vista*. São Paulo: Aleph, 1990.

CANTISTA, M. J. (Coord.). *A dor e o sofrimento – Abordagens*. Porto: Campo das Letras, 2001.

CARVALHO, M. M. (Org.). *Dor – Um estudo multidisciplinar*. São Paulo: Summus, 1999. 340p.

CLASSIFICAÇÃO DE TRANSTORNOS MENTAIS DA CID-10. *Descrições Clínicas e Diretrizes Diagnósticas*. Porto Alegre: Artmed, 1993.

CUKIER, R. *Palavras de Jacob Levy Moreno – Vocabulário de citações do psicodrama, da psicoterapia de grupo, do sociodrama e da sociometria*. São Paulo: Ágora, 2002.

_____. *Sobrevivência emocional – As feridas da infância revividas no drama adulto*. São Paulo: Ágora, 1998.

DA SILVEIRA, D. X. *Panorama atual de drogas e dependências*. São Paulo: Atheneu, 2006.

DAYTON, T. *Trauma and addiction – Ending the cycle of pain through emotional literacy*. Florida: Health Communications Inc, 2000.

DALGALARRONDO, P. *Psicopatologia e semiologia dos transtornos mentais*. Porto Alegre: Artmed, 2000.

DIAS, V. *Psicodrama – Teoria e prática*. São Paulo: Ágora, 1987.

DSM-IV-TR. *Manual diagnóstico e estatístico de transtornos mentais*. Porto Alegre: Artmed, 2002.

DUPUIS, M. et al. *Dor e sofrimento – Uma perspectiva interdisciplinar*. Porto: Campo das Letras, 2001.

DURANT, W. *The story of philosophy – The lives and opinios of the greater philosophers*. Nova York: Washington Square Press, 1961. 543p.

ELIADE, M. *O Sagrado e o profano – A essência das religiões*. São Paulo: Martins Fontes, 2007.

FONSECA, *Terapia da relação – Elementos de psicodrama contemporâneo*. São Paulo: Ágora, 2000.

GAARDER, J. et al. *O livro das religiões*. São Paulo: Companhia das Letras, 2005. 335p.

GAZOLLA, R. *Para não ler ingenuamente uma tragédia grega*. São Paulo: Loyola, 2001.

GONÇALVES, C. S. et al. *Lições de psicodrama – Introdução ao pensamento de J. L. Moreno*. São Paulo: Ágora, 1988.

HOUAISS, A. *Dicionário da Língua Portuguesa*. Rio de Janeiro: Objetiva, 2004.

KEHL, M. R. *Ressentimento – Coleção clínica psicanalítica*. São Paulo: Casa do Psicólogo, 2004.

KNOBEL, A. M. A. C. *Estratégias de direção grupal*. Revista Brasileira de Psicodrama, v. 2, fasc. 1, 1996, p. 49-62.

_____. Moreno em ato – *A construção do psicodrama a partir das práticas*. São Paulo: Ágora, 2004.

LAPLANCHE, J. *Vocabulário de psicanálise*. 3. ed. São Paulo: Martins Fontes, 1998.

LE DOUX, J. *O Cérebro emocional – Os misteriosos alicerces da vida emocional*. Rio de Janeiro: Objetiva, 2001.

MARTON, S. *Nietzsche – A transvaloração dos valores*. São Paulo: Moderna, 1993. 119p.

MATOS, O. *Discretas esperanças – Reflexões filosóficas sobre o mundo contemporâneo*. São Paulo: Nova Alexandria, 2006. 207p.

MONTEIRO, R. *Técnicas fundamentais do psicodrama*. São Paulo: Brasiliense, 1993. p. 21

MORENO, J. L. *Psicodrama*. São Paulo: Cultrix, 1997.

_____. *Quem sobreviverá? Fundamentos da Sociometria, Psicoterapia de Grupo e Sociodrama*. Goiânia: Dimensão, 1992. v. 1, 2 e 3.

NAFFAH NETO, A. *Da socionomia como convergência e síntese do projeto moreniano*. In: Psicodrama descolonizando o imaginário. São Paulo: Brasiliense, 1972.

PERAZZO, S. *Ainda e sempre psicodrama*. São Paulo: Ágora, 1994.

PERES, J. F. et al. *Promovendo resiliência em vítimas de trauma psicológico*. Revista Psiquiátrica, Rio Grande do Sul, v. 27, n. 2, p. 131-138, 2005.

PITZELE, P. *Adolescentes vistos pelo avesso: psicodrama intrapsíquico*. In: KARP, M.; HOLMES, P. *Psicodrama – Inspiração e técnica*. São Paulo: Ágora, 1992.

SEIBEL, S. D.; TOSCANO, A. *Dependência de drogas*. São Paulo: Atheneu, 2001.

WATZLAWICK, P. et al. *Pragmática da comunicação humana*. São Paulo: Cultrix, 1967.

WECHSLER, M. P. F. *A Matriz de identidade numa perspectiva construtivista: lócus de construção de conhecimento.* Revista Brasileira de Psicodrama, v. 5, n. 1, 1997, p. 21-28.

_____. *Psicodrama e construtivismo – Uma leitura psicopedagógica.* São Paulo; Annablume & Fapesp, 1999.

_____. *Relações entre afetividade e cognição: De Moreno a Piaget.* São Paulo: Annablume & Fapesp, 1998.

WINNICOTT, D. *O ambiente e os processos de maturação; estudos sobre a teoria do desenvolvimento emocional.* Porto Alegre: Artes Médicas, 1982.

YALOM, I. D.; LESZCZ, M. *Psicoterapia de grupo – Teoria e prática.* São Paulo: Artmed, 2005.

RR Donnelley

IMPRESSÃO E ACABAMENTO
Av Tucunaré 299 - Tamboré
Cep. 06460.020 - Barueri - SP - Brasil
Tel.: (55-11) 2148 3500 (55-21) 2286 8644
Fax: (55-11) 2148 3701 (55-21) 2286 8844

IMPRESSO EM SISTEMA CTP